DEUTSCH

Rechtschreibung
5. und 6. Klasse
ISBN 3-411-05683-5

Rechtschreibung
7. und 8. Klasse
ISBN 3-411-05692-4

Grammatik
5. und 6. Klasse
ISBN 3-411-71372-0

Grammatik
7. und 8. Klasse
ISBN 3-411-71382-8

Diktattrainer
5. Klasse
Mit Audio-CD zum Üben
ISBN 3-411-71012-8

Diktattrainer
6. Klasse
Mit Audio-CD zum Üben
ISBN 3-411-71022-5

Diktattrainer
7. Klasse
Mit Audio-CD zum Üben
ISBN 3-411-71032-2

Diktattrainer
8. Klasse
Mit Audio-CD zum Üben
ISBN 3-411-71042-X

Aufsatz/Erzählen
5. bis 7. Klasse
ISBN 3-411-05822-6

Aufsatz/Bericht
5. bis 8. Klasse
ISBN 3-411-05732-7

Aufsatz/Inhaltsangabe
7. bis 9. Klasse
ISBN 3-411-05801-3

Aufsatz/Beschreibung
7. bis 10. Klasse
ISBN 3-411-05761-0

Aufsatz/Erörterung
8. bis 10. Klasse
ISBN 3-411-05741-6

ENGLISCH

Englisch 5. Klasse
ISBN 3-411-71282-1

Englisch 6. Klasse
ISBN 3-411-71292-9

Englisch 7. Klasse
ISBN 3-411-71302-X

Englisch 8. Klasse
ISBN 3-411-71311-9

Englisch 9. Klasse
ISBN 3-411-71321-6

Englisch 10. Klasse
ISBN 3-411-71331-3

FRANZÖSISCH

Französisch
7. Klasse
ISBN 3-411-70241-9

Französisch
8. Klasse
ISBN 3-411-70251-6

Französisch
9. und 10. Klasse
ISBN 3-411-70261-3

Duden Schülerhilfen

Grammatik 5. und 6. Klasse
Übungen zu Wort- und Satzlehre

von Monika und Michael Bornemann, Annegret Ising, Hans-Jörg Richter und Wencke Schulenberg

mit Illustrationen von Detlef Surrey

2., aktualisierte Auflage

Dudenverlag
Mannheim · Leipzig · Wien · Zürich

Bibliografische Information der Deutschen Bibliothek
Die Deutsche Bibliothek verzeichnet diese Publikation in der Deutschen Nationalbibliografie, detaillierte bibliografische Daten sind im Internet über http://dnb.ddb.de abrufbar.

Redaktion: Heike Krüger, Annika Renker
Herstellung: Inge Ohrnberger
Umschlagkonzept: Bender & Büwendt, Berlin
Umschlagabbildung: Detlef Surrey, Berlin
Satz: Sigrid Hecker, Mannheim
Druck: Druckhaus Langenscheidt KG, Berlin
Bindearbeit: Schöneberger Buchbinderei, Berlin
Printed in Germany
ISBN 3-411-71372-0

Liebe Schülerin, lieber Schüler!

Du bist mit deiner Deutschnote nicht zufrieden? Du könntest beim Aufsatzschreiben und beim Diktat noch besser sein, wenn du in der deutschen Grammatik sicherer wärst? Möchtest du die Grammatikregeln noch einmal verständlich erklärt bekommen und dann in deinem Tempo üben können? Dann hast du mit diesem Buch den richtigen Begleiter gefunden. Du wirst festellen, dass die Grammatik gar kein „Buch mit sieben Siegeln“ ist.

Wie du mit diesem Buch arbeitest?
Du kannst das Buch von vorn bis hinten durcharbeiten, aber du kannst dir auch gezielt ein einzelnes Kapitel vornehmen. Suche dir das Thema, das du üben willst, aus dem Inhaltsverzeichnis oder dem Stichwortverzeichnis am Ende des Buches aus und gehe dann das entsprechende Kapitel durch.
Damit du dich gut zurechtfindest, sind die Kapitel immer ähnlich aufgebaut: Es werden klare Regeln formuliert, wobei du manchmal mithelfen darfst. Durch die zahlreichen Übungen kannst du das neu Gelernte anwenden.
Mache die Übungen am besten schriftlich und kontrolliere sie **danach** im Lösungsteil. Schummeln gilt nicht! Einige Übungen kannst du direkt ins Buch schreiben, für andere brauchst du ein eigenes Heft – das kannst du dir dann aber auch immer mal wieder durchlesen.
Für Tests und Klassenarbeiten hast du damit eine prima Vorbereitung. Du wirst sehen, deine Grammatikleistungen werden besser.

Noch ein wichtiger Tipp: Jeden Tag ein Kapitel durchzuarbeiten bringt mehr, als einen Tag vor der Klassenarbeit das gesamte Buch schaffen zu wollen!

Außerdem ein Hinweis zur verwendeten Rechtschreibung: Am 1. August 2005 wird die neue amtliche Rechtschreibregelung in der Schule allein verbindlich. Diese Duden-Schülerhilfe folgt dem letzten Stand des amtlichen Regelwerks gemäß dem Beschluss der Kultusministerkonferenz vom Juni 2004.

Vorwort

Um dir bei der Arbeit die Übersicht zu erleichtern,
gibt es im Heft folgende Zeichen:

Bei dem Ausrufezeichen findest du Regeln oder Merksätze.

Das Tipp-Symbol kennzeichnet weitere
wichtige Informationen und Hilfen.

Die Beispiele helfen dir dabei, dir Regeln und Tipps
gut einzuprägen.

Mit den Aufgaben kannst du den Grammatikstoff
direkt im Buch üben.

Bei diesen Aufgaben sollst du die Lösung
in ein eigenes Heft eintragen.

Die Bombe bedeutet, dass du nach Fehlern suchen musst.

Und nun wünschen wir dir viel Erfolg mit diesem Buch!

Autoren und Redaktion

1. Wortlehre

1.1 Wortarten

2. Satzlehre

1. Wortlehre

1.1 Wortarten ▶ Verben

1. ***Verben bezeichnen eine Handlung, einen Vorgang oder einen Zustand!***
2. ***Verben werden kleingeschrieben!***
3. ***Verben können konjugiert (gebeugt) werden!***

A 1 Unterscheide, ob die folgenden Verben eine Handlung, einen Vorgang oder einen Zustand bezeichnen und schreibe sie danach sortiert in dein Heft!

arbeiten – bauen – bleiben – fallen – liegen – sein – singen – sinken – spielen – regnen – wachsen – wohnen

A 2 Setze die Verben in den Text ein!

liegen – schmecken – regnet – habe – treffe – gehen – rutsche – finde – rufe ... an

▶ *Weil es mal wieder ...., ... ich gleich meine Freundin Sabrina ....*

▶ *Ich möchte gerne in das neue Aquadrom ....*

▶ *Natürlich .... ich es schöner, im Sommer im Freibad in der Sonne zu ....*

▶ *Aber leider .... ich da diese Woche kein Glück.*

▶ *Außerdem .... ich gerne auf der tollen Rutsche im Aquadrom und die Pommes frites dort .... auch sehr gut und bei diesem Wetter .... ich dort bestimmt auch viele aus meiner Klasse.*

Infinitiv

A 3 Welche Tätigkeiten sind hier dargestellt?

lesen

gehen

Lachen

Die Tätigkeiten werden hier durch die Verben nur genannt. Deshalb spricht man auch von der Nennform oder Grundform des Verbs. Das lateinische Fachwort für diese Form heißt Infinitiv.

A 4 Denke dir eigene Verben aus und trage ihre **Infinitive** in die Spalten ein.

....

....

....

Alle Verben haben im Infinitiv die Endungen -en oder -n.

Tipp!

Wenn du bei einem Verb die Infinitivendung streichst, erhältst du den Wortstamm.

Infinitiv: lesen les~~en~~ → Wortstamm: les

Im Deutschen gibt man ein Verb üblicherweise im **Infinitiv** an. Auch im Wörterbuch sind die Verben als Stichwort im **Infinitiv** eingetragen.

le̲|sen; du liest, er liest, … **ge̲|hen;** du gehst, du gingst, …

lạ|chen; Tränen lachen, …

Personalformen des Verbs

Verben kommen nicht nur im **Infinitiv** vor, sondern auch als **Personalform.** Die **Personalform** ist bestimmt nach der **Person** (1./2./3. Person) und dem **Numerus** (Singular/Plural).

1. Pers. Sg.	ich laufe	1. Pers. Pl.	wir laufen
2. Pers. Sg.	du läufst	2. Pers. Pl.	ihr lauft
3. Pers. Sg.	er/sie/es läuft	3. Pers. Pl.	sie laufen

Man nennt diese Formen des Verbs finite Formen.
Im Gegensatz dazu gehört beispielsweise der Infinitiv zu den infiniten Formen des Verbs.

Tipp!

A 5 Der Infinitiv des Verbs *essen* kann nur die Tätigkeit ausdrücken. An der **Personalform** dagegen kannst du erkennen,

→ ob eine Person von sich spricht,
→ ob eine oder mehrere Personen angeredet werden,
→ ob von einer oder mehreren anderen Personen gesprochen wird.

Trage die Sätze bei der richtigen Person in die Sprechblase ein.

***Ihr esst** schon?*

***Ich esse** keine Blutwurst!*

***Du isst** viel zu schnell!*

Bildet man die verschiedenen Personalformen eines Verbs, dann spricht man vom Konjugieren.
Die Beugung des Infinitivs nennt man Konjugation.

A 6 Konjugiere das Verb *essen*. Schreibe die Personalformen in dein Heft.

A 7 Bestimme die Person und den Numerus der folgenden Personalformen.

	Person	Numerus		Person	Numerus
wir gehen	....	....	er/sie/es malt	....	....
ihr segelt	....	....	sie mahlen	....	....
ich grabe	....	....	du telefonierst	....	....

A 8 Und nun umgekehrt: Bilde von den angegebenen Infinitiven die entsprechenden Personalformen.

schreiben **(3. Pers. Pl.)** .... *singen* **(2. Pers. Pl.)** ....

hören **(1. Pers. Sg.)** .... *schlafen* **(3. Pers. Sg.)** ....

gähnen **(1. Pers. Pl.)** .... *spielen* **(2. Pers. Sg.)** ....

A 9 Setze in den folgenden Text die richtigen Verbformen ein.

→ *besuchen:* Alexander .... in den Ferien einen Kochkurs für Jugendliche.

→ *lernen, zubereiten:* Man kann dort ...., wie man einfache Gerichte ....

→ *treffen:* Außerdem .... man dort auch nette Leute.

→ *machen:* Viele .... den Kurs schon zum zweiten oder dritten Mal.

→ *erfahren:* In diesem Jahr .... die Teilnehmerinnen und Teilnehmer auch noch etwas über die Zutaten.

→ *erklären, verwenden, ernten:* Die Leiterin des Kochkurses ...., dass man im Sommer gut Zucchini .... kann, weil man sie im eigenen Garten .... kann.

→ *verabreden:* Nach dem Kurs .... sich Alexander mit einer anderen Teilnehmerin(,) gemeinsam ins Kino zu gehen.

Tempus

A 10 Katharinas Tagebuch

Gestern habe ich mich mit Lea getroffen. Wir sind zusammen ins Kino gegangen, wie häufig am Montag, und haben hinterher ein Eis gegessen. Morgen, am Mittwoch, werde ich Lea wieder treffen, diesmal werden wir allerdings für die Mathematikarbeit lernen. Heute habe ich nichts Besonderes vor, ich mache Hausaufgaben und gehe zum Judotraining wie jeden Dienstag.

a) Trage die Wochentage und Katharinas Aktivitäten an den einzelnen Tagen in ihren Kalender ein.

b) Ordne die Zeitstufen Gegenwart – Vergangenheit – Zukunft richtig den einzelnen Wochentagen zu und trage die Begriffe auf den Kalenderblättern ein.

Wochentage:

______________ ______________ ______________

....

....

....

Zeitstufe:

______________ ______________ ______________

Mit Sprache ist es möglich, über die verschiedenen Zeitstufen Vergangenheit – Gegenwart – Zukunft zu sprechen. Man kann so ein Geschehen zeitlich einordnen. Die Zeitstufen und die notwendigen Verbformen(,) um Vergangenes, Gegenwärtiges und Zukünftiges auszudrücken(,) wirst du auf den folgenden Seiten genau kennen lernen.

A 11

Unterstreiche die Sätze in Marcs Erzählung, die sich auf die Gegenwart beziehen, rot, diejenigen, die sich auf die Vergangenheit beziehen, grün, und die Sätze, die von der Zukunft handeln, blau.

Marc: Der Bücherwurm

Ich lese gerade ein Buch. Es heißt „Die unendliche Geschichte". Dieses Buch hat der Autor Michael Ende geschrieben. Es gefällt mir sehr gut, ist spannend und ich bin neugierig, wie es weitergehen wird. Mein Bruder hat es schon gelesen und wenn du willst, werde ich es dir ausleihen.

Tempus ▶ Präsens

A 12 Konrad sitzt auf dem Spielplatz gleich um die Ecke auf der obersten Stange des Klettergerüstes.

Setze ein: heult – füttert – saust – backt – sitzt

Er beobachtet: Frida .... Sandkuchen. Die alte Oma .... die

Tauben. Der kleine Klaus .... im Sand und .... Stefan .... mit seinem Fahrrad vorbei.

Die Verbformen, die du gerade eingesetzt hast, stehen alle im Tempus des Präsens. Tempus ist das lateinische Wort für Zeit.
Das Präsens bezeichnet

a) ***ein Geschehen, das sich gerade ereignet.***
Beispiel: Es regnet. (Jetzt, in diesem Augenblick fallen die Regentropfen vom Himmel.)

b) ***Aussagen, die allgemein und immer gültig sind.***
Beispiel: Ein Tag hat 24 Stunden.

c) ***Sogar ein Geschehen in der Zukunft kann mit dem Präsens ausgedrückt werden, wenn durch ein anderes Wort im Satz klar gemacht wird, dass es sich nicht um ein gegenwärtiges Geschehen handelt.***
Beispiel: Morgen schreiben wir eine Deutscharbeit.

A 13 Konjugiere das Verb *schreiben* im Präsens. Konjugiere anhand dieses Beispiels drei weitere Verben, die du dir selbst aussuchen kannst, und schreibe sie in dein Heft. Schreibe den jeweiligen Infinitiv über die Spalte.

1. Pers. Singular .... **1. Pers. Plural** ....

2. Pers. Singular .... **2. Pers. Plural** ....

3. Pers. Singular .... **3. Pers. Plural** ....

14 Bilde aus den angegebenen Infinitiven die richtigen Präsensformen und trage sie ein.

Jeder .... *(kennen)* das Märchen vom Aschenbrödel oder .... *(meinen)* es zu kennen: Das arme Mädchen .... *(müssen)* seine böse Stiefmutter und die bösen Stiefschwestern bedienen, es .... *(dürfen)* nicht zum Ball gehen, doch durch einen Zauber .... *(bekommen)* es ein Kleid, das alle Festteilnehmer .... *(bestaunen)*. Schließlich .... *(verlieben)* sich der Prinz in die schöne Unbekannte, er .... *(suchen)* sie im ganzen Reich und .... *(heiraten)* sie. Und ihr .... *(wissen)*, dass sie bis ans Ende ihrer Tage glücklich .... *(leben)*.

In Wirklichkeit aber war alles ganz anders … *(Fortsetzung folgt!)*

15 Philipp kennt sich in seiner Wohngegend zum Glück gut aus, denn soeben fragt ihn ein kleiner Junge, der einen ganz zerknitterten Stadtplan in der Hand hält, mit zittriger Stimme nach dem Weg zur Friedrichstraße. Könntest du dem kleinen Jungen auch helfen?

a) Zeichne den kürzesten Weg zur Friedrichstraße in den Stadtplan ein.

b) Ergänze dann die Wegbeschreibung. Überlege, welche Verben du einsetzen könntest. Benutze das Präsens.

Du musst zuerst über die Brücke .... und dann scharf nach rechts .... Gehe bloß nicht geradeaus, denn dann .... du dich bestimmt. An der nächsten Kreuzung .... du, bis die Ampel Grün zeigt und .... die Fahrbahn. Jetzt kannst du schon den Spielplatz an der Friedrichstraße .... Ich .... dir viel Glück.

Tempus ▸ Partizip I und II

Du hast bereits gelernt, dass der Infinitiv eine infinite Verbform ist. Nun wirst du zwei weitere infinite Formen, zwei verschiedene Partizipien, kennen lernen. Das erste Partizip wird vom Präsens abgeleitet und heißt deshalb Partizip Präsens oder kürzer Partizip I. Das zweite Partizip ist das Partizip Perfekt oder Partizip II. Beide Partizipien können als Adjektive verwendet werden und werden ebenso wie diese dekliniert.

Partizip I: *der lesende Großvater*

Das **Partizip I** *lesend* beschreibt den Großvater näher. Es wird hier also verwendet wie ein Adjektiv. Allgemein beschreibt das **Partizip I** ein momentanes, also andauerndes Geschehen oder einen Zustand: Gebildet wird das **Partizip I** mit dem Endungszeichen *-nd.*

Partizip II: *das gerupfte Huhn*

Das **Partizip II** bezeichnet im Unterschied zum **Partizip I** ein Geschehen, das bereits beendet ist. Gebildet wird das **Partizip II** mit der Vorsilbe *ge-*, wenn es möglich ist. Das Partizip endet entweder auf *-t* oder auf *-en.*

ge-glaub-*t*, *ge*-prüf-*t*, *ge*-liefer-*t*
ge-lauf-*en*, *ge*-sung-*en*, *ge*-trunk-*en*

A 16 Unterstreiche in den folgenden Wendungen alle Partizipien.

der rasende Reporter ▪ der verkaufte Ring ▪ das geliebte Lieblingstier ▪ der singende Walzerkönig ▪ ein bellender Hund ▪ der aufgelöste Instant-Tee ▪ der fliegende Teppich ▪ ein klingendes Glöckchen ▪ der geschriebene Brief

A 17 Bilde zu folgenden Infinitiven das Partizip I und das Partizip II.

Infinitiv	**Partizip I**	**Partizip II**	**Infinitiv**	**Partizip I**	**Partizip II**
finden	....	....	*schlafen*	....	....
lesen	....	....	*verkaufen*	....	....
hören	....	....	*träumen*	....	....

Tempus ▶ Perfekt

Das Perfekt bezeichnet ein Geschehen, das in der Vergangenheit abgeschlossen ist, aber noch in seinen Folgen oder als Ergebnis bis in die Gegenwart reicht. Das Perfekt kann man deshalb als vollendete Gegenwart bezeichnen, während das Präsens die andauernde Gegenwart ausdrückt.

→ Ich *habe* drei Tafeln Schokolade *gegessen.*
Folge: *Mir ist jetzt schlecht.*

→ Es *hat* die ganze Nacht *geschneit.*
Ergebnis: *Der Schnee liegt nun fast einen Meter hoch.*

A 18 Perfekt und Präsens sind beides Zeitstufen der Gegenwart. Sie drücken aber dennoch ganz Unterschiedliches aus.

Perfekt:
ich habe geschlafen

Präsens: *ich schlafe*

Setze folgende Merksteine in die Tabelle ein: *andauernde Gegenwart*

Geschehen oder Tätigkeit sind in der Gegenwart bereits abgeschlossen

das Geschehen ereignet sich gerade

vollendete Gegenwart

Folge oder Ergebnis reichen bis in die Gegenwart

Das Perfekt bezeichnet die ______________________________,
denn:

▶ ____

▶ ____

Das Präsens bezeichnet die ______________________________,
denn:

▶ ____

Das Perfekt besteht aus mehreren Bestandteilen:

Ich habe geschlafen.
Du hast gestern verschlafen.

Man spricht deshalb auch beim Perfekt von einer zusammengesetzten Tempusform im Gegensatz zur einfachen Tempusform des Präsens, das nur aus dem Vollverb gebildet wird.

A 19 Unterstreiche die sich entsprechenden Teile der folgenden Perfektformen in der gleichen Farbe und ergänze die Formen für die übrigen Personen.

Ich habe gegessen ______ ______ ______

______ ______ ______ *ihr habt gegessen*

er/sie/es hat gegessen ______ ______ ______

Das Perfekt wird gebildet mit einer konjugierten Form des Hilfsverbs haben und dem Partizip II.

Beachte: Manche Verben bilden das Perfekt nicht mit einer konjugierten Form des Hilfsverbs haben, sondern mit einer konjugierten Form des Hilfsverbs sein und dem Partizip II.

ich bin gekommen – du bist gekommen – er/sie/es ist gekommen
wir sind gekommen – ihr seid gekommen – sie sind gekommen

A 20 Sicher kennst du aus dem „Dschungelbuch" den Zug der marschierenden Elefanten. Beim Marschieren lässt es sich besonders gut konjugieren. Also los!

ich habe geübt ... *ich bin gerannt* ... *ich bin geflogen* ...

A 21 Überlege, ob bei den folgenden Infinitiven das Perfekt mit *sein* oder *haben* gebildet werden muss. Bilde dann die 1. Pers. Sg. und trage die Form entsprechend in die Tabelle ein.

gehen – hören – fliegen – kommen – schwimmen – essen – denken – stehen – laufen – wandern – sprechen – lesen – klopfen – rudern

Perfekt mit *sein* (1. Pers. Sg.)	**Perfekt mit *haben*** (1. Pers. Sg.)

A 22 Helmine hat wieder einen „Wörtersalat" angerichtet. Diesmal sind ihre Bestandteile der Perfektformen *(Personalpronomen, Hilfsverb, Partizip II)* durcheinander geraten. Setze sie wieder zusammen und schreibe sie in dein Übungsheft. Achtung! Es gibt viele Möglichkeiten.

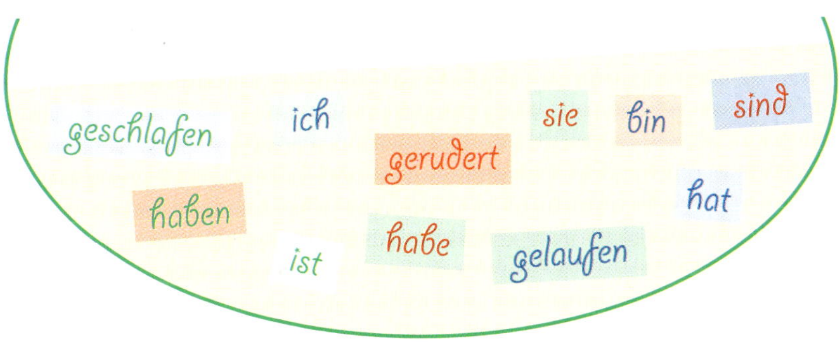

Tempus ▶ Präteritum

Das Präteritum bezeichnet ein vergangenes Geschehen, das abgeschlossen ist. Das Präteritum ist das so genannte Erzähltempus. Deshalb stehen Märchen oder Romane im Präteritum.

An der Bildung des Präteritums erkennt man, zu welcher Konjugationsklasse ein Verb gehört. Es gibt eine starke, eine schwache und eine unregelmäßige Konjugation, also starke, schwache und unregelmäßige Verben.

Die schwachen Verben bilden
- ***das Präteritum mit der Silbe -te:*** *ich glaub-te – du glaub-te-st*
- ***und das Partizip II mit der Vorsilbe ge- und der Endung -t:*** *ge-glaub-t.*

Die starken Verben bilden
- ***das Präteritum mit Veränderung des Stammvokals:***

binden	*Wortstamm: bind*	*Präteritum: ich band*
fliegen	*Wortstamm: flieg*	*Präteritum: ich flog*

- ***und das Partizip II mit der Vorsilbe ge- und der Endung -en:*** *ge-flog-en.*

Die unregelmäßigen Verben
- ***verändern den Stammvokal und fügen die Silbe -te an:***

  nennen *ich nann-te* – *brennen* *es brann-te*
- ***und das Partizip II bilden sie wie die schwachen Verben:*** *ge-brann-t.*

A 23 **a)** Setze die Personalformen im Präteritum in das Kreuzworträtsel ein. Die stark umrandeten Kästchen ergeben das Lösungswort.

1. Pers. Sg. *gehen*
3. Pers. Pl. *arbeiten*
3. Pers. Sg. *kennen*
2. Pers. Pl. *kommen*
1. Pers. Sg. *mahnen*
2. Pers. Sg. *sehen*
3. Pers. Sg. *spielen*
1. Pers. Pl. *schreiben*
2. Pers. Pl. *pflücken*

Lösungswort: ....

b) Welche der im Rätsel vorkommenden Verben gehören zur schwachen Konjugation?

____

____

c) Welche der im Rätsel vorkommenden Verben gehören zur starken Konjugation?

____

____

d) Welches Verb gehört zur unregelmäßigen Konjugation?

____

A **24** In welchem Tempus hat der Zeuge seine unten stehende mündliche Zeugenaussage vorwiegend formuliert?

Im ....

Unterstreiche die Perfektformen und wandle die Zeugenaussage in deinem Heft in eine schriftliche Aussage um, indem du die Perfektformen ins Präteritum setzt.

Zeugenaussage

„Ich habe den Banküberfall heute Morgen gesehen. Ich habe im Auto auf meine Frau gewartet und mich gewundert, als plötzlich der schwarze Lieferwagen vor der Bank hielt. Ich habe drei Männer beobachtet, die mit Skimützen über dem Kopf in die Bank gestürmt sind. Ich habe natürlich sofort an meine Frau gedacht. Ich habe umgehend per Handy die Polizei informiert. Wenig später habe ich die ersten Polizeifahrzeuge kommen sehen. In der Bank hat die Polizei die Sache dann zu einem glücklichen Ende geführt und ich habe froh meine Frau umarmt, als sie herauskam."

Ich sah den Banküberfall ...

A 25 Wie erging es Aschenbrödel wirklich? Setze die richtigen Präteritumformen ein!

In Wirklichkeit .... *(verhalten)* es sich so:
Zwar .... *(haben)* Aschenbrödel eine Stiefmutter und auch zwei Stiefschwestern, aber sie .... *(behandeln)* sie sehr freundlich, wie eine richtige Tochter. Nur Aschenbrödel, die damals noch nicht Aschenbrödel, sondern Alice .... *(heißen)*, ... *(gefallen)* dies nicht, weil sie die drei anderen nicht .... *(mögen)*. Sie .... *(wollen)* nicht zu ihnen gehören und .... *(überlegen)* sich Folgendes …

(Fortsetzung folgt)

A 26 Jetzt hast du bereits drei verschiedene Tempora kennen gelernt.

Sie lauten ....,

...., ...

In der folgenden Aufgabe kannst du überprüfen, ob du alle drei schon beherrschst. Setze die Verbformen ein.

essen	Ich	esse,	aß,	habe	einen Apfel	gegessen,
trinken	ich	____,	____,	____	den Becher leer	____,
verspeisen	ich	____,	____,	____	das Brötchen	____,
naschen	ich	____,	____,	____	vom Pudding	____,
probieren	ich	____,	____,	____	vom Wurstsalat	____,
kosten	ich	____,	____,	____	vom Törtchen	____,
mampfen	ich	____,	____,	____	ein Käsebrot	____,
verschlingen	ich	____,	____,	____	ein Würstchen	____.

Und jetzt ist mir so schlecht!!!

Tempus ▶ Plusquamperfekt

A 27 **a)** In welcher Reihenfolge finden die Ereignisse statt? Nummeriere die Bilder mit den Ziffern 1 und 2.

b) Ordne den Bildern folgende Sätze zu und trage sie unter den Bildern ein:

→ *Die Jungen hatten Fußball gespielt.*

→ *Die Jungen liefen weg, als der Glaser die eingeschossene Fensterscheibe bemerkte.*

☐ .... ☐ ....

....

***Die Verbform** hatten Fußball gespielt **ist eine Form des Tempus** Plusquamperfekt. **Das Plusquamperfekt wird fast nur in Verbindung mit dem Präteritum gebraucht. Es bezeichnet ein Geschehen, das noch** vor **den in der Vergangenheit erzählten Ereignissen liegt. Dieses Geschehen ist in der Vergangenheit bereits abgeschlossen. Man sagt auch, dass das** Plusquamperfekt **die** Vorzeitigkeit **(auch „Vorvergangenheit") bezeichnet. Das Plusquamperfekt wird gebildet aus dem Präteritum des Hilfsverbs** haben **oder des Hilfsverbs** sein **und dem** Partizip II.*

A **28** Vervollständige die Konjugationen im Plusquamperfekt.

ich hatte gegessen	*ich war gelaufen*
....	....
er/sie/es hatte gegessen	*er/sie/es war gelaufen*
wir hatten gegessen	*wir waren gelaufen*
....	....
....	....

A **29** **a)** Bilde sinnvolle Sätze und unterstreiche die Tempusformen.

Nachdem Carla das Kleid anprobiert hatte,	O	O	*nachdem er die Schatzkarte gefunden hatte.*
Pit machte sich sofort auf die Suche,	O	O	*rief sie die Kinder zum Esssen.*
Die Kinder trafen sich zum Spielen,	O	O	*kaufte sie es sofort.*
Nachdem die Mutter den Salat angerichtet hatte,	O	O	*ließ er ihn sofort steigen.*
Nachdem Sven den Drachen gekauft hatte,	O	O	*nachdem sie ihre Hausaufgaben erledigt hatten.*

b) Welche beiden Tempora werden in jedem Satz verwendet?

.... und ....

A **30** **Verbkette:** Gehe vom Infinitiv aus und baue eine Kette, indem du die entsprechenden Formen bildest und in dein Heft schreibst. **Achtung!** Es sind jeweils **nur die Veränderungen** angegeben.

1) *glauben → 1. Pers. Sg. Präsens → 1. Pers. Pl. → 3. Pers. Pl.*

2) *trinken → 3. Pers. Sg. Plusquamperf. → Pl. → 2. Pers. → Präteritum*

3) *rennen → 1. Pers. Sg. Plusquamperf. → 2. Pers. → Pl. → 3. Pers. → Sg. → 1. Pers.*

A 31 Setze die richtigen Tempusformen im Plusquamperfekt oder Präteritum ein.

Denke an das Erzähltempus.
Mache dir in Sätzen mit nachdem klar, was zuerst passiert.

Tipp!

Das Schlossgespenst

Nachdem Sarahs Eltern das alte Schloss .... *(kaufen)*, ... *(hören)* sie zum ersten Mal von dem Gespenst. Sie .... *(machen)* sich jedoch keine allzu großen Sorgen, weil sie nicht an Gespenster .... *(glauben)*. Nachdem sie .... *(einziehen)*, ... *(geben)* es jede Nacht merkwürdige Geräusche, die vom Dachboden .... *(kommen)*. Am Tag .... *(durchsuchen)* der Vater den Dachboden, ... *(finden)* aber nichts. Nachdem die erste Woche .... *(vergehen)*, ... *(beschließen)* Sarah(,) dem Ganzen ein Ende zu machen. Sie .... *(legen)* sich nachts auf die Lauer(,) um das Gespenst auf frischer Tat zu ertappen. Nachdem sie mehrere Stunden .... *(warten)*, ... *(gehen)* es auf Mitternacht zu. Da, plötzlich ein Schatten! Sarah .... *(zucken)* vor Schreck zusammen und .... *(beginnen)* zu zittern. Nachdem ein paar Minuten .... (vergehen), ... *(sehen)* sie auf einmal das Gespenst und .... *(müssen)* lachen. Es .... *(sein)* nämlich nur eine große alte Eule, die auf dem Dachboden ihr Zuhause .... *(finden)*.

Tempus ▶ Futur

Schon immer hat sich der Mensch für die Zukunft interessiert. Am liebsten wäre es ihm, wenn er wüsste, was in der Zukunft passieren wird. So gab es in der Antike das „Orakel von Delphi“ und im alten Rom versuchten Priester(,) aus dem Flug der Vögel die Zukunft herauszulesen. Auf der Kirmes findest du manchmal noch Wahrsagerinnen, die aus den Handlinien die Zukunft vorhersagen wollen.

Mit dem Tempus Futur drückt man aus, dass ein Geschehen in der Zukunft liegt, also noch nicht stattgefunden hat.

Wahrsagerin: Du wirst auf der Klassenfete in der nächsten Woche etwas Besonderes erleben.

Das Futur bildet man mit der konjugierten Form von „werden“ und dem Infinitiv des Hauptverbs.

A 32 Konjugiere das Verb *loben* im Tempus **Futur.** Die notwendigen konjugierten Formen von *werden* findest du im Hilfskästchen.

ich ______ ______

du ______ ______

er/sie/es ______ ______

wir ______ ______

ihr ______ ______

sie ______ ______

wirst
werde
wird
werdet
werden
werden

A 33 Bilde aus den Infinitiven *erzählen, packen, verlassen, wandern, genießen, bestehen, zurückkehren* die Futurformen und setze sie ein. Die Infinitive stehen bereits in der richtigen Reihenfolge.

„So kann es klappen“, dachte Alice bei sich. „Ich ………………… der Köchin, dem größten Klatschweib im Dorf, einfach ……………………, ich ginge fort(,) um zu heiraten. In Wirklichkeit jedoch ……………… ich meine sieben Sachen …………………… und …………………… still und leise das Dorf ……………………. Ich ………………… über die Landstraßen ……………………, ………………… die Schönheit der Welt ………………… und …………………… viele interessante Abenteuer …………………. Schließlich ………………… ich viele Jahre später glücklich in mein Dorf …………………(,) um zu sehen, was aus der Köchin und ihren Klatschgeschichten geworden ist.“

A 34 Lege die Dominosteine so aneinander, dass jeweils die Form zur Bestimmung passt, und schreibe die Dominokette in dein Heft. Wenn du willst, kannst du die Dominosteine abzeichnen, ausschneiden und mit deinen Freunden um die Wette spielen.

	2. Pers. Sg. Futur
ihr werdet schreiben	1. Pers. Pl. Futur
es wird schneien	1. Pers. Sg. Futur
ich werde gewinnen	ENDE
du wirst essen	3. Pers. Pl. Futur
wir werden schicken	3. Pers. Sg. Futur
sie werden kommen	2. Pers. Pl. Futur

A 35 Setze die richtigen Verbformen im Futur ein. Die Infinitive findest du verstreut am Rand.

Der Traum

verreisen · veranstalten · tun · haben · erkunden · gehen · kaufen · treffen · besuchen · wandern · staunen

Alicia liegt unter einem Baum und träumt von den Sommerferien: In den Sommerferien ________ ich nur das ______, wozu ich Lust habe. Ich ________ jeden Tag ins Schwimmbad ________ und dort ________ ich mich mit Britta ________. Britta ________ erst in der dritten Ferienwoche ________, sodass wir viel Zeit ________ ________. Zusammen ________ wir auch im Wald ________ und am Bach ein Picknick ________. Für eine Woche ________ ich auch Oma in Berlin ________ und dort ________ wir die Stadt ________. Ich ________ dort coole Klamotten ________, über die alle anderen nur ________ ________.

A 36 Auch das **Präsens** weist – wie du bereits gelernt hast – in Verbindung mit entsprechenden **Zeitadverbien** in die Zukunft. Bilde jeweils die andere Form und schreibe die Tempusangaben in die Klammern hinter die Sätze.
Abkürzungen: **P** für **Präsens** und **F** für **Futur.**

1) Ich werde am Sonntag ausschlafen. (.......)

____ (.......)

2) Wir schreiben morgen eine Deutscharbeit. (.......)

____ (.......)

3) Oma wird nächste Woche aus dem Urlaub kommen. (.......)

____ (.......)

Wortarten ▶ Nomen und Artikel

Alle diese Dinge werden durch ein Nomen bezeichnet.

1) *Nomen (auch: Substantiv) bezeichnen Lebewesen, Pflanzen, Dinge oder Gefühle.*
2) *Nomen werden großgeschrieben.*
3) *Nomen werden oft von einem bestimmten oder unbestimmten Artikel begleitet.*

A 1 Setze die vier Begriffe aus dem ersten Regelsatz in die Kästchen und sortiere die folgenden Nomen!

die Angst – das Auto – das Efeu – der Eimer – die Eule – der Fisch – der Flieder – das Gras – der Kasten – die Lärche – die Lerche – das Mädchen – der Postbote – das Radio – die Rose – der Topf – die Trauer – das Vertrauen – die Wut – der Zorn

Lebewesen	Pflanze	Dinge	Gefühle
die Eule	das Efeu	Das Auto	Die Angst
der Fisch	der Flieder	der Eimer	
	das Gras		

1 Wortarten

A 2 Entscheide, ob du einen bestimmten oder einen unbestimmten Artikel einsetzen musst!

→ Rebecca hat .... neuen Computer bekommen. .... Computer hat .... besonders guten Bildschirm. .... Bildschirm ist ganz flach und hat .... gute Auflösung.

→ Julia hat bei einem Preisausschreiben .... tragbaren CD-Player gewonnen. .... CD-Player ist sehr praktisch, weil er mit .... kleinen Sonnenkollektor arbeitet. Bei Sonnenschein liefert .... Sonnenkollektor genug Strom für .... Betrieb des CD-Players.

→ Debora wünscht sich zum Geburtstag .... neues Fahrrad. Mit .... Fahrrad möchte sie im nächsten Urlaub gerne .... Radtour machen. Für .... Radtour hätte sie dann gerne auch noch .... große Satteltasche.

Auch Verben können als Nomen gebraucht werden, man kann dann einen Artikel davorsetzen. Wie fast alle Wörter, die man mit einem Artikel gebrauchen kann, muss das Verb dann großgeschrieben werden.

A 3 Welches ist für dich der richtige Sport? Setze in die folgenden Sätze die richtigen Formen ein!

LAUFEN ◆ SCHWIMMEN ◆ REITEN

→ Das .... erfordert eine gute Kondition, besonders wenn man sich entschließt, mehrere Kilometer zu ....

→ Viele Leute .... in ihrer Freizeit, weil das .... für sie besonders entspannend ist.

→ Für das .... ist es ganz wichtig, eine gute Beziehung zu Pferden zu haben. Jemand, der Pferde nicht mag, wird niemals richtig .... können.

Genus

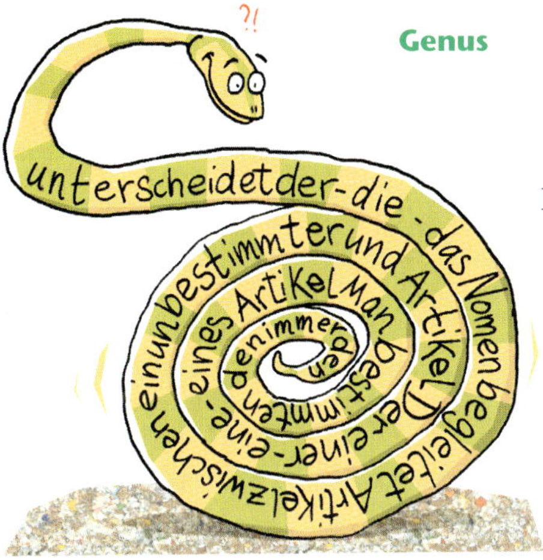

Du hast dich bereits mit verschiedenen Wortarten beschäftigt.
Schreibe zur Wiederholung auf, was Artikel sind.
Die Wortschlange hilft dir.

Der Artikel ……………………………………

……………………………………

……………………………………

A 4 Helmine hat einen Wortsalat angerichtet. Überlege, wonach Helmine die Nomen ordnen will, und trage die fehlenden Nomen in die Zeilen ein.

Frosch, Schweinchen, … ……………………………………

Fahrrad, … ……………………………………

… ……………………………………

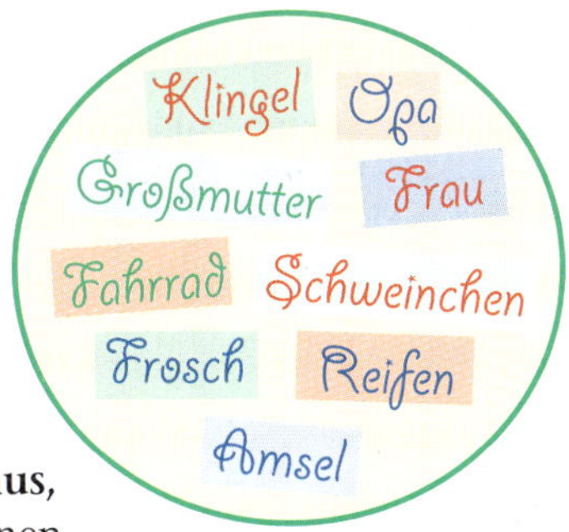

Helmine hätte die Nomen auch nach dem **Genus,** ihrem grammatischen Geschlecht, ordnen können.
Das **Genus** eines Nomens erkennst du am bestimmten/unbestimmten Artikel. Es gibt drei verschiedene Genera:

Maskulinum *(männlich):*	**der/ein**	**der** Baum / **ein** Baum
Femininum *(weiblich):*	**die/eine**	**die** Kerze / **eine** Kerze
Neutrum *(sächlich):*	**das/ein**	**das** Haus / **ein** Haus

Wie du siehst, eignet sich der unbestimmte Artikel nicht so gut zur Bestimmung des Genus, weil er sowohl im Maskulinum wie im Neutrum ein lautet.

Tipp!

A 5 Hilf nun Helmine den Wortsalat auf diese neue Art zu ordnen. Schreibe die bestimmten Artikel vor die Nomen und ordne sie nach ihrem Genus.

Maskulinum	Femininum	Neutrum
....	....	....
....	....	....
....	....	
	....	

A 6 Schreibe aus den Bandwurmwörtern alle Nomen mit dem passenden bestimmten Artikel heraus.

buchschmerznaseblumefreundinpausebaumzahnduftbrille

musikrasenkopfzimmergesanggaragegrasduscheohrtanz

A 7 Man übersetzt **Genus** mit *grammatischem Geschlecht,* weil es mit dem natürlichen Geschlecht von Lebewesen (männlich/weiblich) oft nicht übereinstimmt.

das Mädchen Genus: Neutrum
natürliches Geschlecht: weiblich

Bestimme das **Genus** und das natürliche Geschlecht bei den folgenden Nomen.

	Genus	natürliches Geschlecht
Das Fräulein	______________	______________
Der Junge	______________	______________
Das Kind	______________	______________

Numerus

Nomen haben einen Singular (Einzahl) und einen Plural (Mehrzahl). Man bezeichnet sie zusammen als den Numerus des Nomens.

Singular: der Baum (ein einziger Baum)   *Plural: die Bäume (zwei oder mehr Bäume)*

A 8 Anne ist aufgeregt. Weil ihre Mutter heute erst spät nach Hause kommt, darf sie für sich und ihren kleineren Bruder Tobias in der Pizzeria „Peperoni“ für das Abendessen sorgen. In der Pizzeria angekommen, steht sie an der Theke und will bestellen: „Ich hätte gern zwei Pizz.e..n..?“ Hier weiß sie plötzlich nicht weiter.

a) Hilf Anne und bestimme den Plural zu „Pizza“ und den anderen Nomen, indem du die Linien zu den richtigen Pluralformen verlängerst oder die Pluralform in ein Kästchen einträgst.

Singular

Pizza —
Kater —
Frosch —
Segel —
Kran —
Kino —

Pizzis
Lehrers
Kater
Pizzen
Händis
Hände
Pizzas
Frische
Krane
Lehrer
Katers
Kräne

Singular

— Lehrer
— Buch
— Tasche
— Radio
— Hand
— Kind

b) Die gebräuchlichsten Pluralformen haben die Endungen: *-e, -er, -en/-n, -s* oder *keine besondere Endung.* Ordne die Pluralformen aus Teilaufgabe a) mit ihren Artikeln den entsprechenden Endungen zu und unterstreiche jeweils die Endung.

Endung -e	...
Endung -er	...
Endung -en/-n	die Pizzen, ...
Endung -s	die Pizzas, ...
keine besondere Endung	...

Tipp!

Wie dir sicher aufgefallen ist, ändert sich bei manchen Pluralformen nicht nur die Endung, sondern es gibt auch einen Wechsel der Laute a, o, u, au zu ä, ö, ü, äu.

Singular		**Plural**	**Singular**		**Plural**
Hand	*a* → *ä*	Hände	Buch	*u* → *ü*	Bücher
Frosch	*o* → *ö*	Frösche	Haus	*au* → *äu*	Häuser

A 9 Vervollständige die Spalten. Achte auf die richtigen Artikel und die richtige Form des Nomens.

Genus	**Singular**	**Plural**
Maskulinum	**der Vogel**	**die** ....
	...... **Mund**	**die** ....
	....	**die Kugelschreiber**
Femininum	**die Maus**	....
	die Zeugin	....
	....	**die Kartoffeln**
Neutrum	**das Buch**	**die** ....
	das Boot	....
	....	**die Segel**

10 Schreibe die Formulierungen für einige **Besonderheiten beim Numerus** unter das entsprechende Beispiel.

Besonderheiten:

Manche Nomen lauten im Singular gleich, unterscheiden sich aber im Plural und haben auch unterschiedliche Bedeutungen. - Manche Nomen haben nur den Plural. - Bei manchen Nomen sind verschiedene Pluralformen möglich. - Manche Nomen haben nur den Singular.

1. Beispiel:	Singular	Plural
	–	Eltern
	–	Ferien

Besonderheit:

2. Beispiel:	Singular	Plural
	Pizza	Pizzas, Pizzen
	Ballon	Ballone, Ballons

Besonderheit:

3. Beispiel:	Singular	Plural
	die Bank	die Bänke – die Banken
	die Mutter	die Mütter – die Muttern

Besonderheit:

4. Beispiel:	Singular	Plural
	das Obst	–
	die Milch	–

Besonderheit:

Kasus

A 11 Petra und Marcel haben Ferien und stöbern auf dem Dachboden ihrer Großmutter in einer großen Truhe, die ein wenig nach Seewasser, Fisch und Abenteuer riecht.
Plötzlich hält Petra ihrem Bruder einen zerknitterten Zettel vor die Nase.
Das wird doch nicht …

Auf der Schatzkarte der Totenkopfinsel sind vier Hinweissätze kaum mehr lesbar, denn es gibt dicke Tintenkleckse. Es fehlt immer das Nomen Schatzsucher mit dem richtigen Artikel.
Schreibe die vier Sätze in dein Heft!

Beugen des Schatzsuchers:

Der Schatzsucher muss sich bei seiner anstrengenden Suche nach dem Schatz immer wieder recken, strecken, knien, aber auch *beugen.* Er muss seine Haltung verändern.
Auch das Nomen ändert seine Form, je nachdem, welche Rolle es im Satz einnimmt. Diese Rolle des Nomens im Satz bestimmt der **Kasus.** Die Veränderung des Kasus nennt man auch *Beugung* oder **Deklination.**

Übrigens: Wie du siehst, wird zusammen mit dem Nomen zugleich auch der Artikel **dekliniert.**

Beugen des Nomens:
Deklination

Vier verschiedene Kasusformen:
der Schatzsucher
des Schatzsuchers
dem Schatzsucher
den Schatzsucher

A 12 Nomen und Artikel wurden in diesem Text noch nicht dekliniert. Setze den eingeklammerten Ausdruck mit dem richtigen **Kasus** in die Lücken ein.

Kapitän Percel hatte vor einigen Stunden .... *(der Anker)* werfen lassen und gewartet, bis auf .... *(der Dreimaster)* Ruhe eingekehrt war. Nun, in der Finsternis .... *(die Nacht)*, befahl er .... *(der Matrose)*(,) ihn und .... *(die Ausrüstung)* mit .... *(das Beiboot)* an Land zu bringen. Er wusste, dass .... *(die Schatzsuche)* nun nichts mehr im Wege stand. Der Rest .... *(die Mannschaft)* schlief und die Aufmerksamkeit .... *(die Bordwache)* war so groß wie das Jagdfieber .... *(eine Eule)* in .... *(die Mittagssonne)*. Das vergilbte Papier .... *(die Schatzkarte)* steckte in .... *(die Innentasche)* .... *(der Umhang)*. Was würde ihn in dieser Nacht auf .... *(die Totenkopfinsel)* erwarten?

Im Deutschen gibt es vier verschiedene Fälle oder Kasus. Du kannst herausfinden, in welchem Kasus ein Nomen steht, indem du mit den folgenden Fragepronomen nach dem Kasus fragst.

1. Fall:	*Nominativ*	*Wer oder was …?*
2. Fall:	*Genitiv*	*Wessen …?*
3. Fall:	*Dativ*	*Wem …?*
4. Fall:	*Akkusativ*	*Wen oder was …?*

Tipp!

Auch der Plural von Kasus heißt Kasus. Die Pluralform unterscheidet sich nur in der Aussprache. Das u wird nämlich im Singular kurz und im Plural lang gesprochen!
Also: [Kasus] Sg. – [Kasuus] Pl.!

A 13 Bestimme den Kasus des Nomens *Schatzsucher* in den vier Hinweissätzen der Schatzkarte auf folgende Weise:

1. Frage: Wer oder was muss auf der ...

?

Antwort:

Kasus:

Schreibe die weiteren Fragen, Antworten und Kasus in dein Heft!

A 14 Dekliniere die folgenden Nomen im Singular und im Plural.

a) *Tiger – Giraffe – Nashorn*

b) *Nest – Baum – Amsel*

c) *Bestimme das Genus der sechs Nomen!*

A 15 Bestimme den Kasus der farbig hervorgehobenen Ausdrücke und trage ihn in die Klammern ein. Schreibe die Begriffe Nominativ, Genitiv, Dativ, Akkusativ jeweils aus, damit du dir ihre Schreibweise einprägst.

Die Ruderschläge (............................) *des Matrosen* (............................) brachten *das Beiboot* (............................) schnell in die Nähe des Strandes. Kapitän Percel hörte *die Palmen* (............................) rauschen und *die Wellen* (............................) schlugen rhythmisch auf den Strand. *Die Füße* (............................) wurden in den Stiefeln nass, als sie *dem Boot* (............................) entstiegen. Glücklich und voller Erwartung steckte er *die Hand* (............................) in die Tasche(,) um *das Pergament* (............................) *der Schatzkarte* (............................) hervorzuholen. „Autsch“, schrie er plötzlich auf. Am Schwanz zog er *eine Maus* (............................) aus dem Innenfutter, die fröhlich an den letzten Resten *des Pergaments* (............................) herumknabberte.

A **16** Bestimme **Kasus, Numerus** und **Genus** der folgenden Nomen/Artikel. Beachte, dass es manchmal mehrere Möglichkeiten der Bestimmung gibt. Aus den angegebenen Bausteinen kannst du die gesamte Lösung zusammensetzen.

Benutze folgende Abkürzungen:

Kasus	*Nominativ:* Nom., *Dativ:* Dat., *Genitiv:* Gen., *Akkusativ:* Akk.
Numerus	*Singular:* Sg., *Plural:* Pl.
Genus	*Maskulinum:* Mask., *Femininum:* Fem., *Neutrum:* Neutr.

Akk. Mask. Neutr. Gen.
Sg. Pl. Fem. Sg.
Gen. Sg. Sg.
Neutr. Pl.
Dat. Neutr. Fem. Nom.
Sg. Dat.
Gen. Sg. Fem.
Pl. Pl.
Fem. Mask. Akk.
Akk. Nom. Mask.

die Frau: Nom. Sg., Fem.
Akk. Sg., Fem.

die Mäuschen: ___ ___, ___
___ ___, ___

den Elefanten: ___ ___, ___

des Witzes: ___ ___, ___

dem Blümchen: ___ ___, ___

der Trompete: ___ ___, ___
___ ___, ___

der Böden: ___ ___, ___

A **17** Deklination darfst du nicht mit Konjugation verwechseln, denn bisher weißt du:

***Deklination** bezieht sich auf die*

Wortart ....

*Bei der **Deklination** gibt man*

....

....

.... *an.*

***Konjugation** bezieht sich auf die*

Wortart ....

*Bei der **Konjugation** gibt man*

....

....

.... *an.*

Wortarten ▶ Personal- und Possessivpronomen

Fabian hat eine kleine Schwester. Fabian mag Fabians kleine Schwester.

Du merkst sicher, dass das kein gutes Deutsch ist. Bestimmt kannst du besser formulieren. Vermeide die Wortwiederholung, indem du geeignete Stellvertreter einsetzt!

Fabian hat eine kleine Schwester. .... mag .... Schwester.

1. ***Wörter, die stellvertretend für ein Nomen stehen können, heißen Pronomen!***
2. ***Die Pronomen** (ich, du, er, sie, es) **gehören zur Gruppe der Personalpronomen!***
3. ***Pronomen, die anzeigen, wem etwas gehört oder zu wem etwas gehört, heißen Possessivpronomen!***

A 1 Schreibe den folgenden Text in dein Heft, ersetze dabei die unterstrichenen Wörter durch geeignete Pronomen!

Wie jedes Jahr fahren Julia und Julias Familie in den Sommerferien nach Holland. Seit neuestem hat Julia auch einen Hund. Natürlich möchte Julia den Hund mit in den Urlaub nehmen. Weil zu Hause niemand auf den Hund aufpassen kann, stimmen Julias Eltern zu. Julias Eltern machen jedoch zur Bedingung, dass Julia sich selbstständig um den Hund kümmert.

A 2 Ergänze die Possessivpronomen!

ich	*meine* Katze, _____ Hund, _____ Kaninchen, _____ Hühner
du	_____ Schule, _____ Kugelschreiber, _____ Heft, _____ Buntstifte
er	_____ Puppe, _____ Ball, _____ Springseil, _____ Stelzen
sie	_____ Flöte, _____ Flügel, _____ Klavier, _____ Geigen
es	_____ Hose, _____ Rock, _____ Hemd, _____ Strümpfe
wir	_____ Straßenbahn, _____ Roller, _____ Flugzeug, _____ Autos
ihr	_____ Mohn, _____ Möhre, _____ Müsli, _____ Maultaschen
sie	_____ Garage, _____ Garten, _____ Haus, _____ Nachbarn

A 3 Setze die Pronomen in den Text ein!

→ *Caroline fährt mit .... Fahrrad zur Schule. .... stellt .... immer in dem Fahrradständer vor der Schule ab.*

→ *Paul sagt zu .... Freunden: „......... würde gerne mit .... Federball spielen."*

→ *Miriam fährt mit .... Freundin zum Reitstall. Bevor .... dort ankommen, überrascht .... ein heftiger Regenschauer. .... Freundin sagt zu ....: „Lass .... hier unter dem großen Baum warten, bis der Regen vorübergezogen ist."*

→ *Julian möchte .... Freundin zu dem Besuch eines Eishockeyspieles einladen: „Hast .... Lust .... am Freitag zum KEV zu begleiten?"*

ihr **ich** **seinen** **du** **sie** **mich** **seine** **euch** **ihrem** **ihrer** **sie** **ihre** **sie** **es** **uns**

A 4 Setze in die Lücken die passenden Pronomen ein!

Als Julians Freundin die Einladung zum Eishockeyspiel annimmt, ist .... ganz schön aufgeregt. Natürlich fiebert ...... wie immer mit .... „Pinguinen", aber dieses Mal ist außer .... Vater eben auch noch Sarah mit im Stadion und .... möchte nicht, dass .... nach dem Spiel enttäuscht ist. Ob es .... auch so gut gefällt wie ....? Ob ...... auch so begeistert sein wird von den Spielern und .... Eislaufkünsten und von der Stimmung auf den Rängen? Als Sarah .... nach dem Spiel sagt, „........., Julian, das war wirklich ein tolles Spiel, wollen .... auch zum nächsten Heimspiel gehen?", und sogar schon überlegt, ob .... sich von .... gesparten Geld ein echtes „Pinguin-Trikot" kaufen soll, ist Julian erleichtert.

Wortarten ▶ Adjektive und Adverbien

→ Wir haben ein **tolles** Gartenfest gefeiert.
→ Alle Gäste waren **gut** gelaunt.
→ Die Musik klang **laut** aus den Lautsprechern.
→ Vor allem die Jugendlichen tanzten **begeistert.**

Die vier Sätze machen deutlich, wozu man Adjektive braucht.

1. ***Adjektive beschreiben die Eigenschaften oder Merkmale einer Sache, eines Zustands, eines Vorgangs oder einer Handlung.***
2. ***Adjektive stehen meistens in Verbindung mit Nomen und Verben.***
3. ***Adjektive werden kleingeschrieben.***

A 1 Unterstreiche im folgenden Text alle Adjektive!

a) Du willst mit deiner Familie den Urlaub planen. Worauf müsst ihr achten?

Meinen Eltern ist es wichtig, dass wir eine saubere Unterkunft haben! Außerdem legen sie Wert auf einen ruhigen und erholsamen Urlaub. Weil meine Oma gerne gut essen geht, wünscht sie sich ein vornehmes Restaurant in der Nähe unseres Hotels. Meine Schwester erwartet breite Strände und schönes Wetter! Dass ich Jungen und Mädchen treffe, mit denen ich Fußball spielen kann, das ist für mich von großer Bedeutung!

b) Adjektive werden, wenn sie in Verbindung mit einem Nomen stehen, wie dieses dekliniert. Schreibe die deklinierten Adjektive in dein Heft und ergänze ihre Grundform!

A 2 Setze in den folgenden Text die passenden Adjektive ein!

alkoholfreien - bauchigen - bequeme - freundliche - ganz und gar - großen und supermodernen - herrlichen - neuen - orangefarbenen - sonnigen - tollen - exotischen

Lea berichtet ihrer Freundin Hanna von ihrer .... Reise nach Korsika: „Wir sind mit einer .... Fähre von Nizza nach Korsika gefahren. An Deck gab es .... Liegestühle, sodass ich mich nicht mehr vom Fleck gerührt habe und träge auf die Ankunft auf der .... Insel gewartet habe. Ich habe meinen .... Bikini angezogen und den .... Sonnenschein .... genossen. Meine Mutter hat mir zwischendurch noch einen .... Drink gebracht. Der .... Barkeeper hatte in einem .... Glas einen .... Saft gemixt und den Rand mit .... Früchten garniert.

A 3 Lea ist ganz begeistert von ihrem Urlaub und der Bergtour. Tobias, ihr großer Bruder, findet das alles nicht so toll. Schreibe einen kleinen Text aus Tobias' Sicht in dein Heft. Ersetze dabei die fett gedruckten Adjektive durch solche, die das Gegenteil ausdrücken!

Lea erzählt: Nachdem wir unsere **moderne** Fähre verlassen hatten, haben wir uns einen **tollen** Campingplatz an der Küste gesucht, der nicht so voll war. Bevor es zur **interessanten** Bergtour ging, wollten wir erst noch ein paar Tage die **schöne** Küste genießen, die für ihre guten Bademöglichkeiten bekannt ist. Kleine Buchten und ausgedehnte Sandstrände wechseln sich ab. Das **saubere** Wasser ist ganz blau und **klar**. Außerdem war das Wasser so schön **warm**, dass man auch spätabends noch ein einmal hineinspringen konnte. Meine Eltern haben am Strand oft gelesen. Anscheinend fanden sie ihre Bücher sehr **spannend**. Am **schönsten** aber waren die **aufregenden** Wanderungen auf der Insel.

Tobias meint dagegen: Die Fähre war ...

Deklination von Adjektiven

A 4 Unterstreiche die im Text vorkommenden Adjektive.

Ein märchenhaftes Rätsel

Ein fröhlicher Bauer führte seine junge Ziege zum Markt. Er hatte es sich recht bequem gemacht: Er saß auf seinem grauen Esel und die schneeweiße Ziege, die ein kleines Glöckchen um den schneeweißen Hals hatte, lief hinter dem Esel her. Das Klingeln zeigte dem fröhlichen Bauern an, dass die Ziege dicht hinter ihm war. So musste er sich nicht ständig nach seiner jungen Ziege umblicken, sondern konnte auf dem grauen Eselsrücken zum Markt reiten und dabei ein fröhliches Liedchen singen.
Ein Gauner, der diese kleine Karawane sah, entwendete dem Bauern die Ziege dennoch, ohne dass der Bauer dies merkte.

Das Adjektiv wird in einem Satz wie ein Nomen dekliniert. Das Nomen muss allerdings das Bezugswort des Adjektivs sein. Das Adjektiv stimmt dann in Kasus, Numerus und Genus mit dem Nomen überein.

A 5 **a)** Suche aus dem Text das Nomen heraus, welches das Bezugswort des Adjektivs ist und trage es in die Tabelle ein.

b) Im Text findest du die deklinierten Formen des Adjektivs. Wie lautet jeweils die Grundform? Trage sie ein.

Adjektiv *(Form im Text)*	**Bezugswort**	**Grundform des Adjektivs**
fröhlicher	______	______
fröhlichen	______	
fröhliches	______	

Adjektiv	Bezugswort	Grundform des Adjektivs
junge		
jungen		
grauen		
grauen		
schneeweiße		
schneeweißen		
kleines		
kleine		

A 6 Setze die Adjektive in die richtigen Lücken ein. Achtung! Die Adjektive sind in ihrer Grundform angegeben. Denke daran, sie beim Einsetzen zu deklinieren.

grün - dünn - ahnungslos - mächtig - vergnügt - flink - scharf - klein - tierisch - dicht bewachsen - listig - lautlos - lang - tief - trickreich

Der .... Gauner

Der .... Gauner hatte sich am staubigen Wegesrand in einem .... Baum versteckt. Er wartete, bis das .... Bäuerlein mit seiner .... Karawane an seinem .... Versteck vorbeigezogen war. Der .... Dieb kletterte nun mit .... Bewegungen vom .... Baum herunter und schlich hinter dem .... Bauern und seinen Tieren her. Er durschnitt mit seinem .... Messer den .... Strick, mit dem die .... Glocke am Hals der Ziege befestigt war, band das Glöckchen am .... Schwanz des Esels fest und verschwand wieder in den .... Wäldern.

Steigerung von Adjektiven

Königin: *Spieglein, Spieglein an der Wand,*
Wer ist die Schönste im ganzen Land?

Spieglein: *Frau Königin,*
Ihr seid die Schönste hier,
Aber Schneewittchen über den Bergen
Bei den sieben Zwergen
Ist noch tausendmal schöner als Ihr.

A 7 Du kennst bestimmt diese Stelle aus dem Märchen „Schneewittchen und die sieben Zwerge“. Die Königin will, dass der Spiegel ihre Schönheit mit der Schönheit aller anderen Frauen vergleicht.

Du kannst jetzt der Königin erklären, wie es sich mit der Schönheit in ihrem Märchenland verhält. Setze *schön, schöner* oder *am schönsten* ein:

Die Königin ist .... Auch Schneewittchen ist ....

Vor dem Spiegel ist die Königin ....

Im ganzen Land ist Schneewittchen ....

Schneewittchen ist deshalb .... als die Königin.

Die meisten Adjektive können gesteigert werden. Deshalb konntest du gerade die Schönheit der Königin mit der Schönheit von Schneewittchen vergleichen. Es gibt drei Vergleichsformen:

Positiv ***Komparativ*** ***Superlativ***

A 8 Trage in die Tabelle die fehlenden Vergleichsformen ein.

Positiv	Komparativ	Superlativ
klug	....	....
....	....	*am wärmsten*
....	*älter*	....
nervös	....	....
....	*spannender*	....

A 9 Unterstreiche alle Positive, Komparative und Superlative in den Werbeslogans und schreibe **P** für Positiv, **K** für Komparativ und **S** für Superlativ unter das Adjektiv.

Audiotech: Musik begeisternder als im Konzert

WischWasch: strahlenderes Weiß denn je

quadratischer, praktischer, besser

Die nettesten Freunde der Welt

Noch billiger: Alle Waren reduziert

Wollen Sie mehr? Kommen Sie her.

Die ideale Sonnencreme für zarte Babyhaut

Die größten Sensationen unterm Zirkuszelt

A 10 Jetzt kannst du Detektiv spielen:

- → Es gibt in den Werbeslogans zwei Adjektive, deren Vergleichsformen ganz anders gebildet werden, als du es bereits geübt hast.
- → Es gibt ein Adjektiv, das gar nicht gesteigert werden kann.

Überlege dir hierzu bei jedem Adjektiv die Formen von Positiv, Komparativ und Superlativ. Welche drei Adjektive bereiten dir Schwierigkeiten?

1. Merksatz: ***Bei einigen Adjektiven werden die Vergleichsformen unregelmäßig gebildet.***

Beispiele: *gut – besser – am besten*
viel – mehr – am meisten

2. Merksatz: ***Nicht alle Adjektive lassen sich steigern.***

Beispiele: *ideal, nackt, steinreich*

Adverbien

A 11 Es gibt eine weitere Wortart, die den Adjektiven sehr ähnlich ist, die **Adverbien.** Diese können nicht mit Nomen, sondern nur mit Verben verbunden werden. **Adverbien** können also nicht zwischen Artikel und Nomen treten und sind deshalb auch nicht deklinierbar. Die meisten Adverbien kann man auch nicht steigern. Unterscheide bei den folgenden Wortpaaren zwischen Adjektiven und Adverbien, bilde dazu Probesätze und schreibe sie in dein Extraheft.

oft – häufig

Ich gehe häufig ins Kino.
Die häufigen Kinobesuche machen mich fast arm.

Ich gehe oft ins Kino.
~~*Die often Kinobesuchen machen mich fast arm.*~~

häufig = deklinierbar → **Adjektiv**
oft = nicht deklinierbar → **Adverb**

- **heimlich – insgeheim**
- **ausreichend – genug**
- **lieb – gerne**
- **kostenlos – umsonst**

Wortarten ▸ Zahlwörter

Auch die Zahlwörter gehören im weitesten Sinne zu den Adjektiven. Man unterscheidet zwischen

*Kardinalzahlen (**Grundzahlen:** eins, zwei …),*
*Ordinalzahlen (**Ordnungszahlen:** erster, zweiter …) **und***
Vervielfältigungszahlen (einfach, zweifach …; einmalig, zweimalig …)!

A 1 Entscheide, ob du für die Zahlen in den Klammern eine Ordinalzahl, eine Kardinalzahl oder eine Vervielfältigungszahl einsetzen musst!

Am Samstag lädt Max .... (8) Freundinnen und Freunde zum Federballturnier im Garten seiner Eltern ein. Der .... (1) bekommt von den anderen einen Kinogutschein. Miriam klingelt als .... (1), weil sie nur .... (1) Straße weiter wohnt. Als .... (3) kommt Valentin. Die .... (8) und Letzte ist Hanna. Sie hat sich verspätet, weil sie den Bus verpasst hat. Bis .... (22) Uhr können die Freunde Federball spielen. .... (2) müssen die Jungs auf den Apfelbaum klettern, weil alle .... (3) Federbälle in den Baumkronen hängen geblieben sind.

A 2 Außer diesen Zahlwörtern gibt es noch die so genannten **unbestimmten Zahlwörter.** Sie bezeichnen eine unbestimmte Zahl oder unbestimmte Menge. Setze die unbestimmten Zahlwörter in den Text ein!

wenig – einige – meiste – wenigen – viele – manche – ein paar

Sophia freut sich darauf, in den Ferien ein __________ länger schlafen zu können. Die __________ Zeit wird sie bei ihren Großeltern verbringen. Ihre Großeltern, die in einer alten Bergmannssiedlung wohnen, halten noch __________ Hühner. __________ der ehemaligen Bergleute haben ihre Tiere abgeschafft, weil sie die __________ Eier, die sie brauchen, lieber im Geschäft kaufen, aber __________ halten sich noch __________ Tiere für den eigenen Bedarf.

Wortarten ▸ Präpositionen

Vanessa sucht **mit** ihrer kleinen Schwester ihre Socken. **Trotz** ihrer gründlichen Suche kann sie sie zuerst nicht finden. **Nach** einer halben Stunde hat sie sie endlich entdeckt. Sie lagen nicht **auf** dem Bett, nicht **neben** dem Schrank, nicht **vor** dem Spiegel, sondern **unter** dem Schreibtisch.

Präpositionen kennzeichnen das Verhältnis zwischen Lebewesen oder Dingen. Man nennt sie daher auch Verhältniswörter.

A 1 Vervollständige die Tabelle!

WARUM? – hinter die Tür – vor Anstrengung – neben dem Schrank – wegen ihrer Tochter – mit großem Mut – nach zwei Stunden – WANN? – vor vier Jahren – WIE? – auf Englisch – WO? WOHIN?

	räumliches Verhältnis	*zeitliches Verhältnis*	*Verhältnis der Art und Weise*	*Begründung*
Fragewort	______	______	______	______
Beispiele	______	______	______	______
	______	______	______	______
	______	______	______	______
	______	______	______	______
	______	______	______	______

A 2 Setze die fehlende Präposition ein und schreibe in die Klammer, was für ein Verhältnis durch die Präposition ausgedrückt wird.

zur – um – ~~vor~~ – vor – über – auf – wegen

a) Vor *zwei Minuten ist mein Bus abgefahren.* (zeitliches Verhältnis)

Jetzt muss ich zu Fuß .... *Schule gehen.* (..)

.... *meiner Verspätung werde ich sicher Ärger bekommen.*

(..)

b) .... *lauter Aufregung fallen mir nicht mehr die richtigen Vokabeln ein.*

(..)

Wir sollen uns jedoch nur .... *Englisch unterhalten.*

(..)

Gott sei Dank ist unsere Englischstunde .... *10.30 Uhr zu Ende.*

(..)

Ich blicke ständig auf die Uhr .... *der Tür.*

(..)

A 3 Setze in den folgenden Text die richtigen Präpositionen ein!

.... einer Woche bin ich .... einem Campingplatz .... Holland. .... des guten Wetters sind wir oft .... Strand. .... Sonnenschirm und Windschutz ausgestattet marschieren wir jeden Morgen .... Wasser. .... die Dünen führt ein schmaler Pfad direkt .... Meer. .... 12 Uhr gehen wir zur Strandbude, ... der wir Fritten Spezial essen. .... unserem Mahl halten wir ein Nickerchen. Miriam hat uns gestern .... einer kalten Dusche geweckt. .... unseres Schlafes ist sie .... einem Eimer .... Meer gegangen und hat uns .... einer Düne aus nass gespritzt. .... sie war es ein Riesenspaß.

Wortarten ▶ Konjunktionen

Wörter, die Wörter und Wortgruppen miteinander verbinden, heißen Konjunktionen.

A 1 Konjunktionen können aber nicht nur Wörter oder Wortgruppen miteinander verbinden, sondern auch ganze Sätze.
Setze in den folgenden Text die Konjunktionen ein.

entweder ... oder – nicht nur ... sondern auch – und – oder – oder – sowohl ... als auch – denn – und – aber

Marius möchte im Vorgarten .... hinter dem Haus einen Teich anlegen. Er fragt .... seinen Vater .... seine große Schwester, ob sie ihm helfen. .... möchte er in den Oster- .... in den Sommerferien sein Projekt starten, ... vorher muss er sich noch genau erkundigen, was er alles beachten muss. Deshalb informiert er sich .... in Gartenzeitschriften .... in Fachbüchern .... er fragt auch noch seine Biologielehrerin nach ein paar Tipps. Trotzdem fällt es ihm schwer, zu entscheiden, ob er lieber einen kleinen pflegeleichten Teich im Vorgarten anlegt .... einen etwas größeren .... tieferen hinter dem Haus, ... seine Eltern lassen ihm völlig freie Hand.

Nebenordnende Konjunktionen:
und – oder – aber – denn usw.
Sie verbinden Wörter, Wortgruppen oder Hauptsätze.

Unterordnende Konjunktionen:
bevor – damit – dass – nachdem – obwohl – sobald – sofern – weil
Sie können einen Hauptsatz mit einem Nebensatz verbinden.
Vor einer unterordnenden Konjunktion steht immer ein Komma.

A 2 Setze in die folgenden Sätze die richtigen Konjunktionen ein.

→ Paul trifft sich mit seinem Freund, ... der ihm die Mathehausaufgaben erklären kann.

→ Clara fährt mit dem Fahrrad ins Schwimmbad, ... es aufgehört hat zu regnen.

→ Chiara läuft als Letzte durchs Ziel, ... sie eigentlich eine gute Läuferin ist.

→ Marc juckt es in den Füßen, ... er einen Fußball sieht.

→ Maike füttert jeden Morgen ihren Wellensittich, ... sie in die Schule geht.

→ Ina hat im Eiscafé so viel Eis gegessen, ... ihr jetzt ganz schlecht ist.

A 3 Verbinde die Teilsätze mit der richtigen Konjunktion zu sinnvollen Sätzen! Schreibe sie in dein Heft! Achte auf die Zeichensetzung.

Normalerweise ist Paul immer pünktlich in der Schule	**und**	*es in der Nacht einen Stromausfall gegeben hatte.*
Zuerst funktionierte der Radiowecker nicht	**doch**	*zur ersten Stunde kam er trotzdem zu spät.*
Deshalb wurde Paul erst eine halbe Stunde später als üblich wach	**aber**	*er wegen seines liegen gelassenen Pausenbrotes noch einmal umgekehrt war.*
Zu allem Unglück verpasste Paul auch noch den Bus	**weil**	*er wusste, dass die Hinterradbremse nicht funktionierte.*
Paul holte nun schnell das Fahrrad aus dem Keller	**obwohl**	*heute ist wirklich alles Schlechte zusammen gekommen.*
Paul trat voller Schwung in die Pedale	**nachdem**	*musste sich im Bad und beim Frühstücken ziemlich beeilen.*

Wortarten ▸ Abschlusstest

A 1 Sortiere die Wörter, ergänze bei den Nomen den richtigen Artikel!

Nomen	Verben	Adjektive
der Bildschirm		
Zahlwörter	*deine – oft – spielen – hinter Freizeit – um – glücklich – eins tanzen – dass – Huhn manche – ~~Bildschirm~~ – mir neuntens – oder – gestern lachen – immer – gerne – früh denn – blau – dreifach wir – euch – sie – auf – nach gegen – damit – wenn*	**Pronomen**
Adverbien	**Konjunktionen**	**Präpositionen**

A 2 Bestimme in den folgenden Sätzen die Wortarten!

1. Nachdem ich jetzt alle Übungen zum Thema „Wortarten“ gemacht habe, gönne ich mir eine Pause.
2. Denn meine liebste Freizeitbeschäftigung ist immer noch das Faulenzen.

1.2 Wortbildung ▸ Zusammensetzungen

1 Eine Möglichkeit der Wortbildung ist die **Zusammensetzung** zweier oder mehrerer einfacher Wörter.

Welche Wörter sind hier dargestellt? Schreibe die einfachen Wörter und danach die Zusammensetzungen – jeweils mit Artikel – auf.

Der letzte Bestandteil einer Zusammensetzung heißt Grundwort. Den ersten Bestandteil einer Zusammensetzung nennt man Bestimmungswort, weil er das Grundwort näher bestimmt. Bestimmungswörter können Adjektive, Verben und Nomen sein. Wenn Verben das Bestimmungswort bilden, fällt die Infinitivendung – en oder n – weg!

Beispiel:	*bunt (Adj.)*	+	*Stift*	=	*Buntstift*
	mal(en) (Verb)	+	*Stift*	=	*Malstift*
	Blei (Nomen)	+	*Stift*	=	*Bleistift*

A 2 Das Grundwort ist der wichtigste Bestandteil einer Zusammensetzung, es bestimmt

a) das Genus der Zusammensetzung;

unterstreiche bei den folgenden Zusammensetzungen das Grundwort und setze den richtigen Artikel ein!

.... Autofahrer .... Mathematiklehrerin .... Gasthaus

b) um welche Wortart es sich bei der Zusammensetzung handelt.

Bestimme die Wortart der folgenden Zusammensetzungen und entscheide, ob du sie groß- oder kleinschreiben musst!

Z/zitronengelb .... **S/s**chnellläufer ....

F/fertiggericht .... **R/r**iesengroß ....

A 3 Manchmal braucht man zur Verbindung zweier Wörter noch ein so genanntes Fugenelement.

Setze die folgenden Wörter zusammen! Welches **Fugenelement** brauchst du?

Bestimmungswort	**Fugenelement**	**Grundwort**	**Zusammensetzung mit Artikel**
Brille	*s*	Schlange	
Freund	*en*	Kreis	
Schmerz	*er*	Geld	
Dorn	*es*	Hecke	
Advent	*ens*	Kranz	
Bild	*n*	Rahmen	

A 4 Setze mithilfe der folgenden Wortbausteine die Adjektive und Nomen wieder richtig zusammen. Natürlich darfst du auch Fugenelemente einsetzen. Denke daran: Nomen werden großgeschrieben!

braun - drehen - Eis - fahren - geheim - gehen - Geist - gut - Hand - Haus - lesen - Pfeil - Spindel - Stock - Tag - reiten

Adjektiv	Nomen
..............................*dürr*	..............................*bär*
..............................*kalt*	..............................*schein*
..............................*hoch*	..............................*tipp*
..............................*reich*	..............................*stiefel*
..............................*dunkel*	..............................*buch*
..............................*schnell*	..............................*brille*
..............................*hell*	..............................*weg*
..............................*fest*	..............................*zeit*

Wortbildung ▶ Ableitungen

Eine andere Möglichkeit der Wortbildung ist die so genannte Ableitung. Jedes Wort enthält mindestens einen Wortstamm, dieser Wortstamm wird durch das Voranstellen einer Vorsilbe – Präfix – oder das Anhängen einer Nachsilbe – Suffix – zu einem neuen Wort.

A 1 **a)** Zerlege folgende Wörter in ihre Wortbausteine – **Präfix** und **Wortstamm!**

Aufgabe - Vorfall - Zunahme - Eingang - Verkauf - Entschluss - Abfluss

Präfix	Wortstamm

b) Bilde aus den gefundenen Präfixen und Wortstämmen neue Wörter!

1. ______________________ **2.** ______________________

3. ______________________ **4.** ______________________

5. ______________________ **6.** ______________________

7. ______________________

A 2 *-heit, -keit, -nis, -schaft, -tum* und *-ung* sind Suffixe, mit denen du Nomen bilden kannst.
Bilde aus den folgenden Adjektiven und Suffixen Nomen und schreibe sie mit Artikel auf. Denke daran, dass man Nomen großschreibt!

schön	*keit*	→ ....
fähig	*heit*	→ ....
reich	*tum*	→ ....
verwandt	*ung*	→ ....
einig	*nis*	→ **1.** .... **2.** ....
gleich	*schaft*	→ **1.** .... **2.** .... **3.** ....

A 3 **a)** Bilde aus folgenden Wortstämmen Adjektive! Denke daran, dass man Adjektive kleinschreibt!

Wunder ....

Furcht ....

Ärger ....

Traum ....

Wind ....

b) Schreibe die typischen Suffixe zur Adjektivbildung heraus!

____

A 4 Bilde aus folgenden Wortbausteinen neue Wörter und setze sie in die Geschichte ein.

an – ärgert – auf– Bäck – be – be – bereiten – Bröt – chen – dien – er – gessen – lang – lege – len – lich – natür – sam – stehen – über – ung – ver – ver – vor – zah – ziehen

Wenn morgens der Wecker klingelt und ich .... muss, drehe ich mich erst noch einmal auf die andere Seite und höre ein wenig Radio. Dabei .... ich mir auch, was ich .... könnte. Spätestens wenn ich das Pfeifen des Wasserkessels aus der Küche höre, setze ich einen Fuß aus dem Bett. Wenn ich das Frühstück .... muss, habe ich .... keine Zeit(,) noch länger im Bett zu bleiben. Jedes Wochenende ist ein anderes Familienmitglied an der Reihe. Eigentlich gehe ich gerne zum ....(,) um knusprige .... zu kaufen. Aber leider habe ich schon ein paar mal meine Geldbörse ...., sodass meine Eltern .... waren, weil sie so lange warten mussten. Außerdem ist die .... beim Bäcker manchmal etwas ...., dann bildet sich schnell eine Schlange. Alle halten dann schon nervös ihr Geld in der Hand, weil sie endlich .... wollen und sich auf ein gemütliches Frühstück freuen.

1.3 Wortfamilie und Wortfeld

A 1 Was der Stamm eines Wortes ist, hast du in der letzten Übung gelernt. Alle Wörter, die denselben Stamm haben, gehören – obwohl sie ganz unterschiedliche Bedeutungen haben können – zu einer **Wortfamilie.**

a) Setze in die jeweiligen Wortfamilien den passenden Stamm ein!

b) Suche zu jeder Gruppe noch fünf weitere Wörter und schreibe die Wortfamilien in dein Heft!

fall – geb – mut – red – schlag – such

Unter		*ung*
Be		
Ver		
		e
Ge		

ver		*en*
		ig
Ent		*igung*
		los
Zu		*ung*

ab		*en*
Um		*ung*
aus		*en*
An		*er*
auf		*en*

auf		*en*
Über		
Zu		
ein		*en*
ver		*en*

Unter		*ung*
		e
Verab		*ung*
		nerin
Vor		*e*

Vor		
		er
An		
be		*en*
ge		*en*

A 2 Schreibe je fünfzehn Ableitungen (Präfix + Stamm + Suffix) der **Wortfamilien** *-schreib-* und *-les-* in dein Heft. (In Zweifelsfällen hilft der DUDEN!)

A 3 Wörter, die eine ähnliche – manchmal sogar gleiche – Bedeutung haben, bilden ein **Wortfeld!** Wenn du dich in einem Wortfeld gut auskennst, schreibst du bestimmt bessere Aufsätze, weil du nicht immer das gleiche Wort wiederholen musst.
Finde zu den folgenden Wörtern mindestens fünf sinnverwandte Wörter!

fragen* ◆ *höflich* ◆ *Sache* ◆ *schwierig* ◆ *sagen

A 4 Im folgenden Text findest du viele Wortwiederholungen, ersetze die Wörter in den Klammern durch sinnverwandte Ausdrücke.

Ein Nachbarschaftsfest

Am vergangenen Samstag haben wir ein Nachbarschaftsfest gefeiert. Insgesamt haben 35 Familien .... *(mitgefeiert)*. Unsere Straße wurde für den Durchgangsverkehr gesperrt, damit wir auch auf der .... *(Straße)* feiern konnten. Nachmittags haben wir zwei Turniere veranstaltet. Alle Kinder und auch viele der Erwachsenen haben mitgemacht. Die einen haben beim Rollhockey .... *(mitgemacht)* und die anderen Fußball gespielt. Wir hatten alle sehr viel Spaß bei den .... *(Spielen)*. Alle Nachbarn haben etwas zu essen mitgebracht. Mein großer Bruder hat einen Sauerkrautsalat .... *(mitgebracht)*. Unsere Nachbarin hatte eine Käsesuppe gemacht und meine Mutter hatte ihre berühmten Donauwellen .... *(gemacht)*. Es hat allen gut geschmeckt. Am besten hat mir aber die Riesenportion Eis .... *(geschmeckt)*, die ich als Nachtisch gegessen habe. Am Abend haben wir ein Lagerfeuer angezündet. Als es später kühl wurde, haben alle ganz nah an .... *(Lagerfeuer)* gestanden. Bevor wir ins Bett gingen, sagte meine Mutter, dass das bestimmt das schönste Nachbarschaftsfest seit Jahren gewesen ist und dass wir nächstes Jahr .... *(bestimmt)* wieder feiern werden.

2. Satzlehre

2.1 Was ist ein Satz?

A 1 Ein Text besteht aus vielen Sätzen, die in einem ganz bestimmten Zusammenhang zueinander stehen.
Bei dem folgenden Text handelt es sich ursprünglich um ein Rezept aus der italienischen Küche. Leider sind die einzelnen Sätze der Anleitung für die „schnelle Pizza" wohl mit in den Mixer gekommen. Versuche die Sätze in eine sinnvolle Reihenfolge zu bringen und schreibe sie in dein Heft.

Schnelle Pizza

a) *Die Pizza in den kalten Backofen schieben und bei etwa 200 °C 20–25 Minuten backen.*
b) *Für den Teig 250 g gesiebtes Mehl und $1/2$ Päckchen Backpulver in einer Rührschüssel mischen, Salz, 25 g Butter, 50 g geriebenen Gouda und $1/8$ l Milch hinzufügen.*
c) *Die Pizza mit 50 g geriebenem Parmesan bestreuen und mit einem Gitter aus 50 g Anchovisfilets und schwarzen Oliven belegen.*
d) *Die Pizza in Stücke schneiden und warm servieren.*
e) *Die Zutaten mit den Knethaken des Rührgeräts gut durcharbeiten und anschließend auf der Arbeitsfläche zu einem glatten Teig verkneten.*
f) *Den vorbereiteten Teig zu einer Platte (Durchmesser 24 cm) ausrollen, auf ein gefettetes Backblech legen und mit dem Tomatenbrei bestreichen.*
g) *Für den Belag eine klein geschnittene Zwiebel in 2 EL Olivenöl etwa 5 Minuten andünsten, dann 2 EL Tomatenmark, Oregano, Salz und Pfeffer unterrühren.*

Du merkst also, dass Sätze eines Textes nicht in beliebiger Reihenfolge angeordnet werden können, sondern immer untereinander in sinnvollen Verbindungen zueinander stehen.

A 2 Beim Pizzabacken kommt es zu einer Auseinandersetzung zwischen Michael und Christoph:

Michael: *Hey! Pass doch mit der Milch auf! Du schüttest ja die Hälfte daneben! So eine Schweinerei!*
Christoph: *Huch! Bin wohl zu ungeschickt.*
Michael: *Gib mir mal die Rührschüssel! Das kann ich bestimmt besser.*
Christoph: *Hm! Immer du!*

Welche Aussagen der Jungen sind unvollständige Sätze?

Hey, ...

Ausrufe, mit denen man kurz und knapp Empfindungen ausdrücken (aua, bäh, herrje) oder Laute nachahmen kann (haha, klingeling, rums), nennt man Interjektion (Ausrufewort).

A 3 Ordne die verschiedenen Gefühlsausdrücke den im Gespräch verwendeten Interjektionen zu:

Hey! *Zweifel* *Huch!* *Empörung* *Hm!* *Erschrecken*

A 4 Aus Comics kennst du Ausdrücke wie z. B. „Gähn!“ – „Ächz!“ – „Stöhn!“. Diese Ausdrücke ersetzen vollständige Sätze. Versuche(,) die folgenden Ausdrücke in vollständige Sätze umzuformulieren, damit auch dein Opa die Comicsprache verstehen kann:

a) Kreisch! Ich kreische vor Angst.

b) Panik! ....

c) Gähn! ....

d) Röchel! ....

Anhand dieser kurzen Einleitung hast du feststellen können, dass wir nicht immer vollständige Sätze bilden. Besonders in Gesprächen kürzen wir unseren Ausdruck durch unvollständige Sätze oder Interjektionen ab. Im Folgenden soll es nun darum gehen, welche Bestandteile ein vollständiger Satz enthält und welche Rolle die einzelnen Wörter im Satz spielen.

2.2 Satzglieder als Bausteine eines Satzes

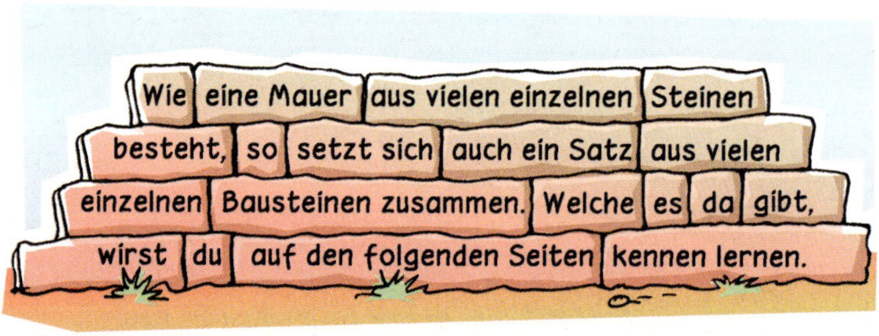

A 1 Dennis, der Computerspezialist aus Amerika, schreibt Anne eine E-Mail, doch leider kam es wohl zu einem Übertragungsfehler, denn der Brief ist kaum lesbar. Hilf Anne, bringe Ordnung in die einzelnen Sätze und schreibe sie in dein Heft.

Liebe Anne,

Grüße herzliche aus Sacramento dir Dennis sendet.
Ich im Moment habe Arbeit viel.
Deshalb lange geschrieben habe ich dir nicht.
In Kalifornien hier Hitze eine große herrscht.
Tag vor Arbeit der jeden ich in Pool gehe den.
Anders das aus halte ich nicht!
Hoffentlich ist Deutschland nicht es in heiß so.
Zurück schreib mal!

Alles Liebe, dein Dennis

Wenn du dir nicht ganz sicher bist, was zusammengehört, kannst du die Umstellprobe machen: Teile im Satz, die bei der Umstellung immer zusammenbleiben müssen, damit ein vollständiger und sinnvoller Satz erhalten bleibt, bilden ein Satzglied.

Wörter oder Wortgruppen, die bei der Umstellprobe immer zusammenbleiben, nennt man Satzglieder. Bei der Umstellprobe dürfen die Wörter in ihrer Form nicht verändert werden und der Satz muss weiterhin sinnvoll und vollständig sein.

2.3 Satzglieder I ▶ Subjekt – Prädikat – Objekt

Einzelne Wörter oder auch Wortgruppen sind also die Bausteine eines Satzes, die **Satzglieder.** Vier Satzglieder musst du kennen: Prädikat, Subjekt, Objekt und die adverbiale Bestimmung. Nun soll es darum gehen, die einzelnen Satzglieder näher zu bestimmen.

Das Prädikat (Die Satzaussage)

Um die einzelnen Satzglieder zu bestimmen, gehst du am besten vom Kern des Satzes aus, dem **Prädikat.** Es wird immer von einem Verb gebildet (konjugierte Verbform) und kann auch mehrteilig sein.

Das Prädikat ist der wichtigste Teil des Satzes. Es drückt aus, was jemand/etwas ist, was geschieht oder was jemand tut. Das Prädikat besteht oft nicht nur aus einer einfachen, sondern einer zweiteiligen Verbform. Zu der konjugierten (finiten) Verbform treten nicht konjugierte (infinite) Prädikatsteile hinzu. Man spricht dann von einer Verbklammer, weil das Prädikat einen Teil des Satzes umklammert.

Tobias hat schöne Ferien gehabt. (Partizip Perfekt)

Die Verbklammer kann auch aus einem Verb mit trennbarem Verbzusatz bestehen.

Anneke fährt gerne weg. (vom Infinitiv „wegfahren")

A 2 In den folgenden Sätzen fehlt jeweils das Prädikat. Suche ein passendes Verb aus und wandle die Infinitive in die entsprechenden Verbformen um!

machen - ~~lieben~~ - nutzen - gehen - grillen - besuchen

1. Alle Schülerinnen und Schüler lieben die Sommerferien.
2. Viele .... die Zeit für Ausflüge in die Umgebung.
3. Hendrik .... am liebsten ins Freibad.
4. Thomas .... das technische Museum.
5. Sarah und Nilani .... gerne Radtouren.
6. Marc und Daniel .... jeden Freitag am See.

Das Subjekt (Der Satzgegenstand)

Vom Prädikat ausgehend kannst du mithilfe unterschiedlicher Fragen die weiteren Satzglieder bestimmen:

A 3 Kevin verbringt die Ferien bei seinen Verwandten in London. Sein neuer Freund Ben und er treffen sich täglich auf der Straße(,) um gemeinsam Inlineskates zu fahren. Währenddessen besuchen seine Eltern jeden Tag irgendein langweiliges Museum. Als seine Eltern aber das Wachsfigurenkabinett auf dem Besichtigungsprogramm haben, schlägt ihm seine Oma vor mitzugehen. In diesem Museum werden viele bekannte Persönlichkeiten als lebensgroße Wachsfiguren ausgestellt. Der Ausflug ist ein voller Erfolg: Besonders beeindruckend findet Kevin die Darstellung der königlichen Familie. Nach der anstrengenden Museumstour spendiert der Vater eine Runde fish and chips. Das ist das englische Nationalgericht.
Sein Freund Sebastian ist von Kevins Erlebnissen durch wöchentliche Telefongespräche und Briefe bestens informiert. Auf der Straße trifft Sebastian zufällig Daniel. Sie unterhalten sich über Kevins Ferienerlebnisse.

Setze die passenden Antworten Sebastians ein.

Daniel: *Wer besucht jeden Tag langweilige Museen?*

Sebastian: ______________________________

Daniel: *Wer trifft sich jeden Tag zum Inlineskaten auf der Straße?*

Sebastian: ______________________________

Daniel: *Was ist das englische Nationalgericht?*

Sebastian: ______________________________

Daniel: *Was wird im Wachsfigurenkabinett ausgestellt?*

Sebastian: ______________________________

Daniel: *Wer schlug Kevin vor, das Wachsfigurenkabinett zu besuchen?*

Sebastian: ______________________________

Daniel: *Wer spendierte eine Runde fish and chips?*

Sebastian: ______________________________

Das Satzglied, das mit wer (oder was)? erfragt werden kann, nennt man Subjekt. Es kann aus einem oder mehreren Wörtern bestehen und steht immer im Nominativ (1. Fall). Es bezeichnet die Person oder die Sache, von der das Geschehen ausgeht oder zu der der Zustand gehört. Ein vollständiger einfacher Satz besteht mindestens aus dem Subjekt und dem Prädikat.

A 4 Subjekt und Prädikat müssen in Person und Numerus übereinstimmen. Wie müssen die Verbindungen für die Gegenwart (Präsens) in den folgenden Beispielen lauten? Setze ein:

a) Meine Eltern besuch...... ein Museum.

→ Wir besuch...... gemeinsam das Wachsfigurenkabinett.

b) Wer kauf...... die Eintrittskarten?

→ Mein Vater kauf...... die Eintrittskarten.

c) Meine Mutter zeig...... mir die Stadt.

→ Ich zeig...... die Stadt meinem Freund Ben.

d) Trink...... du auch eine Cola?

→ Ich frag...... euch: Trink...... ihr auch eine Cola?

A 5 Ordne jeweils ein Subjekt einem Prädikat zu und bilde sinnvolle Sätze.

Subjekte:	*Prädikate:*
die Sonne	*schwimmen gehen*
die Kinder	*stattfinden*
der Ausflug	*fliegen*
der Ball	*scheinen*

Du stellst fest: Subjekt und Prädikat müssen auch dem Sinn nach zusammenpassen.

A 6 Das Subjekt kann unterschiedliche Bauformen haben. Lies dir den Text durch und unterstreiche in jedem Satz das Subjekt.

Heute gehen Peer und Axel zum Angeln an den See. Sie nehmen dazu eine selbst gebastelte Angel, einen Kescher und einen Eimer mit. Besonders wichtig sind die Köder. Meistens benutzen die Jungen als Köder einen ganz speziellen Brotbrei, denn damit haben sie die besten Erfahrungen gemacht. Das Fangen der Fische interessiert die Freunde am meisten. Das anschließende Kochen macht ihnen keinen Spaß.

Du hast bestimmt bemerkt, dass das Subjekt aus unterschiedlichen Wortarten bestehen kann, ordne richtig zu:

Eigennamen - Nomen oder Nomen mit Beifügungen - Pronomen

a) ______________________________

Beispiel: *Die beiden Jungen gehen zum Angeln.*

b) ______________________________

Beispiel: *Peer und Axel gehen zum Angeln.*

c) ______________________________

Beispiel: *Sie gehen zum Angeln.*

***Nominalisierungen:* Aus anderen Wortarten werden Nomen gemacht, indem man sie großschreibt und einen Artikel davor setzt.**

Abschlusstest Subjekt – Prädikat

A 7 Unterstreiche die Subjekte grün, die Prädikate blau.
Beachte, was du gelernt hast: Subjekte können mehrteilig sein und stehen nicht immer am Anfang. Prädikate haben manchmal zwei Teile (Verbklammer!).

Die beiden Jungen verbringen einen abenteuerlichen Tag am See. Sie erkunden die Umgebung und entdecken dabei eine Höhle. Vorsichtig schleichen sich die Freunde in das Innere der Höhle, doch sie müssen bald umkehren, da ihnen Taschenlampen fehlen. Am nächsten Tag kommen die Jungen mit Taschenlampen bewaffnet wieder. Die Erkundung der Höhle kann beginnen. Peer geht mutig voran, Axel folgt ihm ängstlich. Nach einer Wanderung durch einen etwa hundert Meter langen Gang ruft Peer: „Wir haben eine riesige Tropfsteinhöhle entdeckt!" Fasziniert schauen sich die beiden die glitzernden Steinformationen an. Einige Hundert Stalaktiten hängen wie Fledermäuse von der Höhlendecke herab. Ein Stalagmit beeindruckt Axel besonders: Er sieht aus wie ein Mensch. Nach einer halben Stunde in der Höhle treten die jungen Entdecker den Rückweg an, denn ihre Taschenlampen werden immer schwächer. Sie kommen aber sicherlich morgen wieder.

A 8 Schreibe eine kleine Geschichte über die Erlebnisse der Jungen am nächsten Tag, indem du die Verben aus dem Wortspeicher als Prädikate verwendest. Beachte, welche Vorsilben der Verben eine Verbklammer bilden können und welche nicht. Unterstreiche die von dir verwendeten Subjekte.

abholen - wiederfinden - weglaufen - erschrecken - verlieren - ansehen- zerstören - besichtigen

Du kannst deine Geschichte vielleicht so beginnen:

Am nächsten Morgen holt Axel seinen Freund ab ...

Das Objekt

Viele Sätze enthalten außer Subjekt und Prädikat noch Objekte. Ohne Objekte wären Sätze oft nicht vollständig.

Der Postbote	überreicht	der Nachbarin	einen Brief.
Subjekt	**Prädikat**	**Dativobjekt**	**Akkusativobjekt**
wer (oder was)?		*wem?*	*wen (oder was)?*

Das Objekt ▶ Akkusativobjekt

Manchmal reicht es nicht aus zu sagen, wer handelt oder was geschieht, sondern man will auch wissen, auf wen oder was sich das Geschehen bezieht. Diese Ergänzung nennt man Objekt.

Wenn du in einem Satz das Akkusativobjekt bestimmen willst, stellst du die Frage: *wen oder was?*

Akkusativobjekte ***(bzw. Objekte im Allgemeinen) können wie Subjekte aus mehreren Wörtern und unterschiedlichen Wortarten bestehen:***

Nomen *(z.B. die Frage),* ***Nominalisierung*** *(z.B. das mutige Auftreten),* ***Pronomen*** *(z.B. sie),* ***Eigennamen*** *(z.B. Katharina und Julia)*

A 9 Ergänze die unvollständigen Sätze mit den Wörtern aus dem Wortspeicher. Beachte, dass du die Wörter in den Akkusativ setzen musst.

der Clown Beppo – tausend Dank – die Frage – der Zirkus – Katharina und Julia – sie – ich – das mutige Auftreten

a) *Heute besucht Katharina mit ihrer Freundin Julia ....*

b) *An der Kasse fragt .... ein alter Mann, ob sie .... unterstützen können.*

c) *Sofort beantworten sie .... mit „Ja!".*

d) *Der Kassierer lobt ....*

e) *Lange mustert Beppo ...., bis er endlich sagt: „Ihr habt .... gerettet. Ich schulde euch ...."*

Das Objekt ▶ Genitiv-/Dativobjekt

A 10 Swetlana ist vor ein paar Monaten mit ihren Eltern nach Deutschland gekommen. Mit ihrem Deutsch klappt es schon ganz gut, allerdings hat sie noch etwas Schwierigkeiten bei der Deklination der Objekte. Sie verwendet immer nur Akkusativobjekte. Verbessere ihre Sätze und schreibe sie in dein Heft.

a) *Ich danke dich sehr, dass du mich helfen willst.*
b) *Das Kind ähnelt seinen Vater.*
c) *Der Lehrer nimmt sich die Probleme an.*
d) *Der Dieb entledigt sich die Beweismittel.*
e) *Wir helfen unsere alte Nachbarin.*
f) *Die Kinder sind eine große Katastrophe entgangen.*

Manche Verben benötigen immer ein Akkusativobjekt. Man nennt diese Verben transitive Verben, alle anderen heißen intransitive Verben.

besuchen: transitives Verb → Ich besuche dich.
spielen: intransitives Verb → Ich spiele.

Du hast festgestellt, dass manche Verben immer im Zusammenhang mit einem Objekt im Genitiv oder Dativ stehen (intransitive Verben).

Wenn du ein Genitivobjekt bestimmen willst, stellst du die Kasusfrage wessen?. (Das Genitivobjekt wird heute nur noch selten gebraucht.)

Das Dativobjekt findest du mit der Kasusfrage wem?.

Bei manchen Verben ist ein Dativobjekt und ein Akkusativobjekt notwendig.

Der Lehrer	*zeigt*	*den Schülern*	*die Stadt.*
		Dativobjekt	***Akkusativobjekt***
		wem?	***wen (oder was)?***

Das Objekt ▸ Präpositionalobjekt (präpositionales Objekt)

A **11** In der 5b gibt es eine große Neuigkeit: In den nächsten Tagen soll eine neue Mitschülerin in die Klasse kommen. In der allgemeinen Aufregung sind wohl wichtige Wörter verloren gegangen – **die Präpositionen.** Setze die fehlenden Wörter ein!

Heute spricht der Klassenlehrer, Herr Richter, ... der 5b. Zunächst erinnert er sie .... das unangenehme Gefühl des Neuseins. Er sagt, er vertraue .... die gute Klassengemeinschaft und hoffe, dass sich alle .... die Neue kümmern werden. Sofort fragen die Schülerinnen .... dem Namen der Neuen. „Sie hört .... den Namen Penelope und stammt .... einem alten Adelsgeschlecht. Ihr Urgroßvater kämpfte .... die Armeen des ..." Weiter kommt Herr Richter nicht, denn der Rest seiner Worte geht .... dem Gejohle der Klassenkameraden unter. Sie achten nicht mehr .... die gut gemeinten Ratschläge ihres Lehrers. Weil es der Klasse .... dem notwendigen Ernst fehlt, können die Schülerinnen und Schüler nicht mehr .... die Klassenarbeit in der nächsten Woche üben.

Du hast festgestellt, dass einige Verben in Verbindung mit einer Ergänzung stehen, die von einer Präposition abhängt.
Der Kasus der Ergänzung wird durch die Präposition bestimmt.
Dieses Objekt nennt man Präpositionalobjekt. Du findest das Präpositionalobjekt, indem du die Kasusfrage mit der jeweiligen Präposition stellst.

A **12** Suche die passende Präposition heraus und schreibe den Satz richtig in dein Extraheft.

a) Herr Richter beharrt [*neben* / *auf* / *in*] seinem Standpunkt.

b) Die Klasse bangt [*über* / *an* / *um*] die bevorstehende Klassenarbeit.

c) Die Schülerinnen freuen sich [*auf* / *um* / *über*] die neue Mitschülerin.

Abschlusstest Subjekt – Prädikat – Objekt

A 13 Du hast dich auf den letzten Seiten eingehend mit den wichtigsten Satzgliedern beschäftigt. Hier kannst du dein Können unter Beweis stellen:
Trenne die Satzglieder durch senkrechte Striche voneinander, unterstreiche das Prädikat und schreibe für die kursiv gedruckten Satzglieder die Kasusfrage auf. Bestimme, ob es sich um ein Subjekt *(S)*, Genitivobjekt *(GO)*, Dativobjekt *(DO)*, ein Akkusativobjekt *(AO)* oder ein Präpositionalobjekt *(PO)* handelt.

1. Im Mittelalter | lebte | in einem kleinen Dorf | *eine berühmte Hexe.*
   Wer lebte im Mittelalter in einem kleinen Dorf? ***Eine berühmte Hexe (S).***
2. Viele Menschen vertrauten *dieser Hexe.*
3. Drei Ärzte versuchten *den kranken Bürgermeister* zu heilen.
4. Doch *kein Arzt* wusste Rat.
5. Da bat die Frau des Kranken die Hexe *um Hilfe.*
6. Die Hexe gab der Frau bereitwillig *die rettende Medizin.*
7. Später wurde die Hexe *der Gotteslästerung* angeklagt.
8. Nun bedurfte sie *der Hilfe des Bürgermeisters.*
9. Doch dieser hatte *die Tat der Hexe* vergessen.
10. *Die Frau* wurde am 14.4.1169 auf dem Scheiterhaufen verbrannt.

2.4 Satzglieder II ▶ Adverbiale Bestimmung – Attribut

Bisher hast du die drei Satzglieder Subjekt, Prädikat und Objekt kennen gelernt.
Es folgt nun noch ein weiteres Satzglied, das ein Ereignis (also Verben) näher bestimmt.

Die adverbiale Bestimmung

Überfall auf der Hochstraße

Heute ereignete sich gegen 12.30 Uhr auf der viel besuchten Hochstraße ein Überfall auf das Juweliergeschäft Schmidt. Passanten hatten beobachtet, dass ein Mann schon seit einer Stunde an der Imbissbude stand und den gegenüberliegenden Juwelierladen genaustens beobachtete. Wegen der zahlreichen Kunden kam der Imbissbudenbesitzer aber nicht dazu, die Polizei zu verständigen. Lautlos wie eine Katze schlich der Mann in das Geschäft und stand plötzlich an der Hauptkasse. Mithilfe einer Waffe gelang es dem Räuber, den Juwelier zur Herausgabe des Tresorschlüsses zu bewegen. Aus Furcht betätigte der Verkäufer die Alarmanlage nicht. Das Ausrauben des gesamten Tresors dauerte nur ungefähr zehn Minuten. Der unbekannte Täter konnte mit einem Fahrrad entkommen.

A 1 Die Polizisten befragen die Passanten zum Überfall. Du warst Zeuge und wirst gebeten, die Fragen möglichst exakt zu beantworten. Schreibe die Antworten in dein Heft.

a) *Wann ereignete sich der Überfall?*
b) *Wo geschah der Überfall?*
c) *Wie konnte der Täter entkommen?*
d) *Wie schlich sich der Dieb in das Geschäft?*
e) *Wie lange dauerte das Ausrauben des gesamten Ladens?*
f) *Wie beobachtete der Mann den Juwelierladen von der Imbissbude aus?*
g) *Wie lange stand der Mann schon an der Imbissbude?*
h) *Wie gelangte der Räuber an den Tresorschlüssel?*

Satzglieder, die auf die Fragen Wann?, Wie lange?, Wo?, Warum?, Wie? usw. antworten, nennt man adverbiale Bestimmungen. Sie sind dazu geeignet, das Prädikat näher zu bestimmen und genauere Angaben zu den Umständen zu machen. Folgende Wortarten kommen als adverbiale Bestimmung vor:
Adverbien (heute), Adjektive (lautlos) oder Nomen/Nomina mit oder ohne Präposition (an der Imbissbude).

Man unterscheidet

a) *adverbiale Bestimmung der Zeit (temporale adv. Best.). Man fragt nach ihr: wann?, wie lange?, seit wann?, bis wann?, wie oft?;*

b) *adverbiale Bestimmung des Ortes (lokale adv. Best.). Man fragt nach ihr: wo?, wohin?, woher?;*

c) *adverbiale Bestimmung des Grundes (kausale adv. Best.). Man fragt nach ihr: warum?, weshalb?, aus welchem Grund?;*

d) *adverbiale Bestimmung der Art und Weise (modale adv. Best.). Man fragt nach ihr: wie?, auf welche Art und Weise?*

A 2 Bestimme, nach welcher adverbialen Bestimmung in Übung 1 gefragt wurde und schreibe die Fachbegriffe in dein Heft!

A 3 Der äußeren Form nach können das präpositionale Objekt und die adverbiale Bestimmung genau gleich sein, wenn die Ausdrücke aus einer Präposition mit Nomen bestehen.

Bestimme, ob es sich um ein **präpositionales Objekt** *(pO)* oder eine **adverbiale Bestimmung** *(aB)* handelt:

a) *Mit vorgehaltener Waffe* (........) bedroht der Täter den Kassierer.

b) Der Dieb durchwühlt den Tresor *nach Edelsteinen* (........) und flüchtet danach *auf die Straße* (........).

c) *Vor Schreck* (........) lässt der Verkäufer den Ring fallen, ohne *auf dessen Verbleib* (........) zu achten.

d) Der Polizist spricht *mit den Zeugen* (........), die den Überfall *aus der Ferne* (........) beobachtet haben.

e) Die Polizei bemüht sich *um eine rasche Aufklärung des Falles* (........).

Das Attribut / Die Apposition

In einem Werbeprospekt für Ferien auf dem Bauernhof heißt es:

Bärenstarke Ferien

DER ORT DER TAUSEND ABENTEUER

Entspannung für die gesamte Familie

Attribute erläutern die besonderen Merkmale einer Person bzw. Sache. Sie sind keine selbstständigen Satzglieder, sondern lediglich ein Satzgliedteil und bleiben deshalb bei der Umstellprobe immer mit ihrem Bezugswort verbunden. Attribute können vor oder hinter dem Bezugswort stehen:

Bärenstarke → Ferien
Entspannung ← für die gesamte Familie

Es können auch mehrere Attribute auf ein Bezugswort, das meist ein Nomen ist, bezogen sein:

Erstklassige → Entspannung ← für die gesamte Familie

A 4 Bilde nun selbst werbewirksame Slogans, indem du die Bezugswörter mit einem Attribut sinnvoll verbindest. Schreibe die Slogans in dein Extraheft und markiere in der oben angegebenen Weise Bezugswort und Attribut. Um alle Attribute verwenden zu können, müssen auf manche Bezugswörter auch mehrere Attribute bezogen werden.

Bezugswörter:

Attribute:

auf dem Bauernhof – unser – frisch – in großer Auswahl – faszinierend – ohne Konservierungsstoffe – der Spitzenklasse – atemberaubend – himmlisch – spannend – in der freien Natur – gemütlich – toll

Wie du sicher bemerkt hast, gibt es sehr unterschiedliche Formen von Attributen. Am häufigsten wird das Adjektivattribut verwendet. Daneben gibt es das Attribut in Form eines adjektivisch gebrauchten Partizips, eines Pronomens, eines Nomens im Genitiv oder eines Nomens mit Präposition.

A 5 Suche die Attribute heraus, markiere Bezugswort und Attribut(e) und bestimme, um welche Attribute es sich handelt:

a) Ferien ← auf dem Bauernhof sind eine spannende Angelegenheit.

Nomen mit Präposition

b) Die stressgeplagten Eltern genießen die Abgeschiedenheit des Dorfes.

c) Ohne irgendeine Verpflichtung können die Feriengäste im Stall helfen.

d) Oder aber sie unternehmen kurze Ausflüge in die nähere Umgebung.

Eine besondere Form des Attributs stellt die **Apposition** dar. Die Apposition (Zusatz) besteht in ihrem Kern immer aus einem Nomen und steht im gleichen Kasus (Fall) wie das Bezugswort. Sie wird in Kommas gesetzt.

Die Tierfütterung, *der besondere Spaß für die kleinen Feriengäste,* fiel heute aus.

A 6 Unterstreiche die Appositionen.

Herr Mertert, der Besitzer des Bauernhofs, begrüßt die Gäste aus Berlin. Sie sind begeistert von dem Anwesen, einem Fachwerkgebäude aus dem 18. Jahrhundert. Sofort will Lea, die Tochter der Familie, die Ställe besichtigen. Ihr Vater, ein sehr kräftiger Mann, beginnt sofort, die schweren Gepäckstücke ins Gästezimmer, eine gemütliche Kammer unter dem Dach, zu tragen.

Unterscheidung: Attribut und adverbiale Bestimmung

A 7 Mache den Text mit Attributen und adverbialen Bestimmungen aus dem Wortspeicher anschaulicher und schreibe ihn in dein Heft.

Attribute

aus der Stadt – hübsche – der Familie Mertert – ein Anziehungspunkt für Einheimische und Gäste – aus alten Zeiten – neusten

adverbiale Bestimmungen

dort – jeden Abend – schnell – wegen der Offenherzigkeit der Dorfbewohner

Der ***hübsche*** *Bauernhof lädt Menschen zum Verweilen ein. Die Dorfkneipe ist voll. Man erzählt sich Geschichten oder tauscht die Neuigkeiten aus. Die Städter finden Kontakt.*

Adjektive als Attribut oder adverbiale Bestimmung

Da Adjektive in einem Satz sowohl Attribute als auch adverbiale Bestimmungen darstellen können, kann es leicht zu Verwechslungen kommen. Durch die Umstellprobe kannst du aber beide Möglichkeiten ganz sicher voneinander unterscheiden:

a) *adverbiale Bestimmung:* *Bei der Umstellprobe stellst du fest, dass du das Adjektiv – wie die übrigen Satzglieder – an viele Stellen setzen kannst, ohne dass sich der Sinn des Satzes verändert.*

b) *Attribut:* *Bei der Umstellprobe stellst du fest, dass das Adjektiv immer mit seinem Bezugswort verbunden bleibt. Das liegt daran, dass Attribute nur Teile von Satzgliedern sind.*

Die kleinen Kälber brüllten laut.
Attribut *adv. Best.*

Laut brüllten die kleinen Kälber.
adv. Best. *Attribut*

2.5 Satzarten ▶ Aussagesatz – Aufforderungssatz – Fragesatz

1 Wir benutzen verschiedene Arten von Sätzen, je nachdem, ob wir etwas aussagen, jemanden auffordern oder fragen wollen.

a) Bestimme, um welche Satzarten es sich handelt. Füge die richtigen Satzzeichen hinzu.
b) An welcher Stelle im Satz befindet sich jeweils das Prädikat?

Familie Müller fährt in den Urlaub und irgendwo zwischen Münster und Osnabrück passiert es: Ihr Auto bleibt mit einer Reifenpanne liegen.

*1. Die Familie begibt sich sofort an die Arbeit_*

2. „Hast du irgendwo die Anleitung für den Reifenwechsel gesehen_"

3. „Für diese einfache Reparatur brauchen wir bestimmt keine Anleitung_"

4. „Wer von euch hat denn schon mal einen Reifen gewechselt_"

5. „Gib mir doch mal den Wagenheber her_"

6. „Wo hast du den Schraubenschlüssel hingelegt_"

7. „Die Schraube klemmt_"

8. „Reich mir bitte die Radkappe_"

*9. Mit vereinten Kräften ist der Reifen schnell gewechselt_*

*10. Nun können sie endlich ihre Urlaubsfahrt an die Nordsee fortsetzen_*

2 Satzarten

1. *Der Aussagesatz ist die häufigste Satzart. Mit ihm kannst du etwas aussagen oder mitteilen. In einem Aussagesatz steht die Personalform des Verbs an .... Stelle. Am Ende das Aussagesatzes steht ein ....*

2. *Der Aufforderungssatz ist an eine andere Person gerichtet. Die Personalform des Verbs steht im Imperativ (Befehlsform) und betont an .... Stelle. Am Schluss des Satzes steht ein ....*

3. *Der Fragesatz wird benutzt, wenn man etwas erfahren will, was man noch nicht weiß. Am Ende eines Fragesatzes steht immer ein ....*

Satzarten ▶ Der Fragesatz – Entscheidungs- oder Ergänzungsfrage

A 2 Beantworte die Fragen, die gestellt werden können, wenn man mit einer Reifenpanne auf der Autobahn liegen bleibt:

1. *Wo ist die nächste Notrufsäule?*

   ____

2. *Hast du den Pannendienst schon verständigt?*

   ____

3. *Wer hat den Platten als Erster bemerkt?*

   ____

4. *Können wir jetzt weiterfahren?*

   ____

Du wirst bemerkt haben, dass bei mancher Frage als Antwort nur ein Wort genügt.

Man unterscheidet zwischen Entscheidungsfragen (Wortfragen) und Ergänzungsfragen (W-Fragen):

1. ***Bei den Entscheidungsfragen steht die Personalform des Verbs an erster Stelle. Der Gesprächspartner kann nur mit „Ja" oder „Nein" antworten.***
2. ***Bei den Ergänzungsfragen steht ein Fragewort** (wer, was, wann, wo …) **an erster Stelle und dahinter erst die Personalform des Verbs. Die Antwort besteht meist aus mehreren Wörtern oder einem ganzen Satz, weil die Antwort über Sachverhalte, Dinge oder Personen informieren soll.***

A 3 Welche Arten von Fragesätzen kommen in Aufgabe 1 vor?

A 4 **Der Ton machts – Betonung eines Satzes**
Wieder ins Auto eingestiegen sagt Frau Müller zu ihrem Mann: „Du fährst weiter."

a) Wie muss der Satz betont werden, wenn er als Frage, als Aufforderung oder als Feststellung verstanden werden soll? Probiere das aus!

b) Formuliere den Satz so um, dass auch in geschriebener Form die Absicht des Sprechers zu erkennen ist.

Frage:

Aufforderung:

Feststellung:

2.6 Satzreihe – Satzgefüge ▶ Satzreihe

A 1 **a)** Verbinde die folgenden Sätze zu einem kleinen Text und schreibe ihn in dein Heft. Wie viele Sätze musst du mindestens, wie viele kannst du höchstens bilden?

gegen 15.00 Uhr kommen die ersten Gäste | *Sie ist schon ganz aufgeregt*

Daniel erscheint als Letzter um 15.30 Uhr

Julia hat Geburtstag | *heute Nachmittag steigt die große Geburtstagsfeier*

Julia hat ein paar Freundinnen und Freunde aus ihrer Klasse eingeladen

Bei dieser Übung darfst du dir aussuchen, ob du dir einen langen oder drei kurze Merksätze einprägen willst.

→ ***Hauptsätze** können alleine stehen, sie können aber auch mit anderen Hauptsätzen zu **Satzreihen** verknüpft werden, sie werden dann mit **Kommas** voneinander getrennt.*

→ ***Hauptsätze** können alleine stehen!*
→ *Sie können aber auch mit anderen Hauptsätzen zu **Satzreihen** verknüpft werden.*
→ *Sie werden dann mit **Kommas** voneinander getrennt.*

b) Satzreihen können auch mit einer Konjunktion verbunden werden. Setze bei den folgenden Sätzen die passenden Konjunktionen ein. (Die einzelnen Konjunktionen werden mehrfach gebraucht.)

und - denn - aber - doch

→ *Julia bittet ihre Gäste(,) an der Geburtstagstafel Platz zu nehmen .... sie fordert alle auf(,) reichlich zuzuschlagen.*

→ *Es gibt Kuchen und Schokoladenfondue, ... darauf hat sich Julia schon lange gefreut.*

→ *Julia hat viele kleine Fruchtstücke geschnitten, ... die Erdbeeren hat sie ganz gelassen.*

→ *Jeder taucht Berge von Obst in die Schokoladensoße ein, ... die Soße reicht für alle, ... Julia hat einen großen Topf vorbereitet.*

Bei Satzreihen, die mit und oder oder verbunden sind, musst du kein zusätzliches Komma setzen, du kannst es aber, wenn du willst.
Bei Satzreihen, die mit aber, doch, jedoch, sondern bzw. denn und nämlich verbunden sind, musst du zusätzlich ein Komma setzen.

A 2 Verbinde die folgenden Sätze mithilfe der Konjunktionen zu Satzreihen und schreibe sie in dein Heft, achte dabei auf die Zeichensetzung!

sondern – denn – und – aber – oder – doch

Am Abend feuert Julias Mutter den Grill	Sabrina geht als Letzte.
Als Gastgeberin versorgt Julia alle Gäste mit Getränken	erst jetzt hat sie richtig Zeit dazu.
Julias Mutter grillt Würstchen und Fisch	Jan blickt die ganze Zeit betrübt vor sich hin.
Hast du schon einmal gegrillte Paprika probiert	sie brennen sehr schnell ab.
Abends zündet Julia im Garten Fackeln an	sie möchte, dass sich alle wohl fühlen.
Julia ist sehr zufrieden mit ihrer Feier	genieße lieber die Feier!“
Sie versucht ihn zu ermutigen: „Ärgere dich doch nicht über die Schokoflecken überall	kennst du in Alufolie gebackene Zucchini?
Erst spät am Abend machen sich die Gäste auf den Heimweg	ihr Vater bereitet mit der Fritteuse riesige Mengen von Pommes frites zu.
Am nächsten Tag begutachtet Julia ihre Geschenke	die Gäste können sich auch verschiedene Gemüse aussuchen, die gegrillt werden.

Satzreihe – Satzgefüge ▶ Satzgefüge

Wortstellung im Nebensatz

A 3 Unterstreiche in den folgenden Sätzen die Personalform des Verbs! An welcher Stelle im Satz steht es jeweils?

Hauptsatz	*Nebensatz*
Ich frühstücke morgens um 7.00 Uhr,	*weil ich zur Schule muss.*
Ich nehme meinen Rucksack,	*den ich schon am Abend vorher packe.*
Ich frage meinen Vater,	*ob er mir ein Butterbrot schmiert.*

1. ***Die Personalform des Verbs steht im Hauptsatz immer***

   an .... Stelle!

2. ***Die Personalform des Verbs steht im Nebensatz immer***

   an .... Stelle!

A 4 Setze die folgenden Nebensätze wieder richtig zusammen!

Ich gehe heute ins Freibad,

das	ich	im benachbarten Stadtteil	eröffnet wurde.
obwohl	die Wettervorhersage	meine Freunde	angekündigt hat.
weil	im letzten Monat	Regenschauer	treffen möchte.

A 5 Korrigiere im folgenden Text die Wortstellungsfehler und schreibe den Text richtig in dein Heft!

Weil viele Kinder wollen einmal Ferien auf dem Bauernhof machen, fahren immer mehr Eltern mit ihren Kindern aufs Land. Die Eltern sind froh, wenn sie haben den ganzen Tag ihre Ruhe. – Damit die Kinder können helfen, müssen sie sich alte Kleidung anziehen. Der Bauer erklärt ihnen, wie sie können helfen. Alle, die waren schon einmal auf einem Bauernhof, fahren dort gerne wieder hin.

Konjunktionalsätze

A 6 **a)** Unterstreiche in den folgenden Satzgefügen die Nebensätze und markiere die einleitenden Wörter und die Personalform des Verbs mit unterschiedlichen Farben!

→ Wenn man von einer mittelalterlichen Stadt spricht, dann meint man eine Gemeinde mit einem Marktplatz.
→ Hierhin kamen die Kaufleute und Händler, damit sie ihre Waren verkaufen konnten.
→ Der Markt lag meistens im Zentrum der Stadt, weil er für alle gut erreichbar sein sollte.
→ Zu festgelegten Tagen kamen zahlreiche Menschen auf den Markt, sodass dort viel Trubel herrschte.
→ Die Menschen in der Stadt benötigten den Markt, damit sie einerseits ihre Waren anbieten und andererseits auch selbst einkaufen konnten.
→ Nachdem die Fernhandelskaufleute von ihren weiten Reisen zurückgekehrt waren, boten sie fremde Waren wie z.B. Gewürze an.
→ Da die Städter mit Geld bezahlten, entwickelte sich die Geldwirtschaft immer mehr.

b) Schreibe die Wörter, mit denen die Nebensätze eingeleitet werden, heraus!

wenn, ______________________________

c) Sicher weißt du auch noch, zu welcher Wortart diese Wörter gehören!

Es sind: unt _ _ _ _ _ _ _ _ _ _ Kon _ _ _ _ _ _ _ _ _ _

1. ***Viele Nebensätze werden durch*** *unterordnende Konjunktionen* ***eingeleitet.***
2. ***Man nennt diese Sätze*** *Konjunktionalsätze.*
3. ***Konjunktionalsätze werden durch ein Komma vom Hauptsatz abgetrennt.***

A 7 Setze in den folgenden Text die richtigen Konjunktionen ein!

dass – wenn – sodass – nachdem – obwohl – nachdem – weil

Im Mittelalter schlossen sich die Meister eines Handwerkszweiges in einer Zunft zusammen, ... sie sich vor unliebsamer Konkurrenz schützen wollten. Die Anzahl der Betriebe wurde so festgelegt, ... jeder einzelne Meister sein Auskommen hatte und nicht hungern musste. .... ein anderer Meister in dieser Stadt sein Handwerk ausüben wollte, musste er erst Mitglied in dieser Zunft werden. Die Ausbildung eines jeden Lehrlings begann, ... seine Eltern für ihn bei einem anderen Meister das Lehrgeld bezahlt hatten. .... ein Lehrling schon fleißig anpacken musste, verlangte der Meister für seine Verpflegung Geld. Der junge Lehrling lebte im Haushalt des Meisters mit, ... er sich dem Meister während seiner Lehrzeit ganz unterordnen musste. .... seine drei- bis siebenjährige Lehrzeit beendet war, ging der Geselle meist in den elterlichen Betrieb zurück.

A 8 Verbinde die folgenden Teilsätze zu sinnvollen Satzgefügen und schreibe sie in dein Heft, achte auf die Zeichensetzung!

Die reichen Kaufmannsfamilien stellten meist den Bürgermeister ◁	▷ *war es ihnen im Laufe der Zeit aufgrund ihres wirtschaftlichen Erfolges gelungen, zu Ansehen zu gelangen.*
Nachdem sich die Kaufleute zusammengeschlossen hatten ◁	▷ *indem sie ihre Kinder untereinander verheirateten.*
Wenn Vertreter der Zünfte auch mit in den Stadtrat wollten ◁	▷ *sodass sie neben ihrem Reichtum auch noch die Macht in der Stadt hatten.*
Weil die Ratsherren ohne Bezahlung arbeiteten ◁	▷ *mussten sie reich genug sein, um diese Aufgabe übernehmen zu können.*
Die Patrizier achteten darauf, eine abgetrennte Gemeinschaft zu bleiben, ◁	▷ *ließen sie dies nicht zu.*

Weil ein Konjunktionalsatz immer mit einem Komma vom Hauptsatz getrennt wird, ist es – um Zeichensetzungsfehler zu vermeiden – wichtig, dass du Konjunktionalsätze erkennst! Die folgenden Übungen können dir dabei helfen.

A 9 Unterstreiche die Nebensätze und setze die fehlenden Kommas!

Bevor Alexander der Große sich anschickte Kleinasien zu erobern hatte sein Vater Philipp II. Griechenland erobert. Obwohl Alexander erst 18 Jahre alt war hatte er in der entscheidenden Schlacht schon die Reiterei kommandiert. Weil sein Vater die makedonischen Truppen zu einem schlagkräftigen Heer ausgebildet hatte war dies für den jungen Königssohn eine leichte Aufgabe gewesen. Damit Alexander aber nicht nur ein guter Feldherr sondern auch ein gebildeter König werden würde hatte Phillip ihn von dem berühmten Philosophen Aristoteles unterrichten lassen. Als Phillip II. einem Attentat zum Opfer fiel sicherte sich Alexander rücksichtslos die Macht. Nachdem ihn Griechenland als neuen Herrscher anerkannt hatte zog er gegen den persischen König Darius. Während der persische Großkönig ein Heer im Landesinneren aufstellte zog Alexander an der kleinasiatischen Küste entlang und wurde von den dortigen Griechen als Befreier gefeiert. In der entscheidenden Schlacht siegte Alexander indem er sich an die Spitze seines Heeres stellte. Als Darius dies sah ergriff er aus Angst die Flucht und verlor damit die Schlacht. Alexander marschierte weiter an der Küste entlang damit er die Stützpunkte der persischen Flotte in seine Hand bringen konnte. Wenn er auf Widerstand stieß bekämpfte er ihn rücksichtslos.

Als Alexander Ägypten eroberte gründete er dort die Stadt Alexandria. Weil diese Stadt nicht nur ein Militärstützpunkt sein sollte siedelte er hier auch ausgediente Soldaten an.

A 10 Verwandle die Satzreihen in Satzgefüge, wandle dazu einen der beiden Hauptsätze in einen Nebensatz um! Schreibe die Satzgefüge in dein Heft!

- → *Er hatte einen dortigen Fürsten besiegt. Danach weigerten sich seine Soldaten jedoch noch weiter zu kämpfen.*
- → *Sie befürchteten, dass ihr König so lange kämpfen wollte, bis er die ganze Welt erobert hätte. Deshalb forderten sie ihn zur Rückkehr nach Persien auf.*
- → *Alexander musste ihrem Willen nachgeben und ließ Schiffe bauen. Dadurch konnte das Heer den Indus hinunterfahren.*
- → *Alexander aber war von dem Drang besessen, Übermenschliches leisten zu müssen. Er ließ nicht alle Soldaten auf diesem Wege nach Hause reisen.*
- → *Er durchquerte mit einem Teil des Heeres die Wüste zwischen Indien und Persien. Dabei kamen viele Soldaten um.*

A 11 Im folgenden Text sind die Konjunktionen durcheinander geraten. Sicher kannst du die Sätze wieder in Ordnung bringen. Streiche die falschen Konjunktionen durch und setze die richtigen ein!

Obwohl .... Alexander Darius bei Gaugamela endgültig besiegt hatte, wurde Darius von seinem Statthalter ermordet. Damit .... Alexander diese Tat gelegen kam, bestrafte er den Königsmörder hart. Weil .... er diesen Mord streng bestrafte, wollte Alexander allen verdeutlichen, sodass .... er sich selbst als Nachfolger des persischen Königs betrachtete. Er verhielt sich nun selbst wie ein persischer Herrscher, indem .... nur noch wenig an seine griechische Herkunft erinnerte. Dass .... die iranischen Stämme im Osten Persiens Alexander Widerstand leisteten, brach der neue Herrscher zu Feldzügen in dieses Gebiet auf. Alexander war ein so guter Feldherr, obwohl .... er diese Stämme in kurzer Zeit besiegt hatte. Nachdem .... er auch von allen als persischer Großkönig anerkannt wurde, heiratete er die persische Prinzessin Roxane. Dass .... er nun der mächtigste Mann der damals bekannten Welt war, zog Alexander bis nach Indien, um seine Macht noch zu vergrößern.

Relativsätze

- *Im Mittelalter regierten Könige, die von den Adligen gewählt wurden.*
- *Als Zeichen ihrer Macht trugen die Könige eine Krone, die mit Edelsteinen besetzt war.*
- *Die Könige lebten in einem Palast, der farbig ausgemalt war.*
- *Manchmal empfingen die Könige einen Abgesandten aus fernen Ländern, der ihnen Kostbarkeiten aus seiner Heimat mitbrachte.*
- *Der König veranstaltete dann ein Festmahl, das in einem großen Saal stattfand.*

A 12 Setze die folgenden Wörter in die Lücken ein!

letzter – Nebensätze – genauere Informationen – Substantiv

a) Wozu sind die unterstrichenen Teilsätze da?

Die Teilsätze geben ______________________ *zu einem vorausgehenden* ______________.

b) Sieh dir die Wortstellung in den unterstrichenen Teilsätzen genau an, was stellst du fest?

Die Personalform des Verbs steht an ______________ *Stelle, es handelt sich also um* ______________ *!*

c) Schreibe die Wörter, mit denen die unterstrichenen Teilsätze eingeleitet werden, heraus!

____

1. *Teilsätze, die genauere Informationen zu einem vorausgehenden Substantiv geben, nennt man Relativsätze. Das Substantiv, zu dem die Relativsätze genauere Informationen geben, nennt man Bezugswort.*
2. *Wie bei allen Nebensätzen steht auch bei Relativsätzen die Personalform des Verbs an letzter Stelle.*
3. *Wie alle Nebensätze werden auch Relativsätze mit Komma vom Hauptsatz abgetrennt.*
4. *Relativsätze werden eingeleitet durch die Wörter der – die – das (und ihre deklinierten Formen), die Relativpronomen heißen!*

A 13 Unterstreiche die Relativsätze und kreise das Bezugswort ein!

Frauen im Mittelalter

Sophia, die die älteste Schwester von Kaiser Otto III. war, lebte um 1000 n. Chr. An ihrem Lebenslauf kann man die Möglichkeiten und Einschränkungen erkennen, die das Leben adliger Frauen vor tausend Jahren mit sich brachte. Die Eltern gaben ihre Tochter, die noch ein kleines Mädchen war, schon sehr früh ins Kloster. Die Mädchen, die hier Schreiben und Lesen lernten, lebten bis zum Alter von 12 Jahren im Kloster. Dann entschieden die Eltern über das weitere Leben ihrer Töchter, die entweder bald heirateten oder ein Leben als Schwester im Kloster begannen. Sophias Eltern entschieden, dass die Tochter, die nicht heiraten sollte, ein Leben im Kloster führen sollte.

A 14 Relativsätze werden mit Komma vom Hauptsatz abgetrennt, leider sind die Kommas im folgenden Text verloren gegangen. Unterstreiche die Relativsätze und setze die fehlenden Kommas!

Der Ritter

Für die meisten Menschen die heute an vergangene Zeiten denken ist das Mittelalter die Zeit der Ritter und Burgen. Zum Ritterstand der die mittelalterliche Kultur maßgeblich prägte gehörten jedoch nur wenige Männer. Die Ritter die im Krieg als bewaffnete Reiter ihren Dienst taten mussten selbst für ihre Ausrüstung sorgen. Sie verfügten über eine Rüstung deren Gewicht mehrere Kilo betrug zwei oder drei Pferde und einen Knecht der sowohl die Pferde als auch seinen Herren betreuen musste. Nur begüterte Herren die viel Land besaßen konnten die Kosten für Ausrüstung und Pferde aufbringen. Daher übergab ihnen der König Land das sie bewirtschaften konnten. Zur Rüstung eines Ritters die ein kleines Vermögen kostete gehörte eine Lanze die über die Schulter gehängt wurde und den Gegner während des Reitens aus dem Sattel werfen sollte. Für den Nahkampf besaß er ein Schwert das reich verziert war.

A 15 Setze die Relativpronomen **der – die – das** in der richtigen Form in den Text ein!

Die Burg

Verteidigungsanlagen, in .... sich die Bevölkerung bei Gefahr zurückziehen konnte, hatte es schon immer gegeben. Im 11. Jahrhundert begann man jedoch Burgen, ... in der Einöde errichtet wurden, zu bauen. Dem Feind, ... die Burg belagerte, sollte der Angriff möglichst schwer gemacht werden. Daher errichtete man die Burg entweder auf einem Gipfel, ... nur schwer zugänglich war, oder umgab sie mit einem Wassergraben, ... man künstlich anlegte. Die Feinde, ... es gelang, bis an die Burgmauer vorzudringen, wurden mit heißem Pech oder Wasser übergossen. Natürlich wohnte der Burgherr mit seiner Familie, ... manchmal sehr groß war, auch in Friedenszeiten auf der Burg. Dabei war das Leben in der Burg, ... düster und kalt war, oft sehr anstrengend. Es gab nur einen beheizten Wohnraum, ... über der Küche lag. Deshalb klagten die Burgherren, ... gerne ein angenehmeres Leben wollten, über den mangelnden Komfort. Die Dienerinnen und Diener, von .... es auf der Burg für die unterschiedlichen Aufgaben zahlreiche gab, mussten in der Nähe der Tiere schlafen.

A 16 Verwandle die folgenden Satzreihen in Satzgefüge, indem du einen der Hauptsätze zu einem Relativsatz umwandelst! Schreibe die Satzgefüge in dein Heft.

→ *Das Leben der Bauern war hart. Die Bauern lebten in kleinen Dörfern.*
→ *Die Bauern mussten von einem Stück Acker leben. Das Stück Acker war oft nicht sehr groß.*
→ *Außerdem mussten sie die Felder des Adligen bearbeiten. Diese Felder lagen in ihrer Umgebung.*
→ *Sie mussten dem Adligen auch einen Teil ihrer Gänse oder Hühner abliefern. Diese Gänse und Hühner hatten sie gemästet.*
→ *Könige und Ritter brauchten nicht auf dem Feld zu arbeiten. Sie hatten im Mittelalter nur die Aufgabe zu kämpfen.*
→ *Auch für die Versorgung der Pfarrer waren die Bauern zuständig. Die Pfarrer leiteten die Gottesdienste im Dorf.*

Abschlusstest Satzgefüge

Wiederhole noch einmal die wichtigsten Regeln zum Thema Hauptsatz und Nebensatz und präge sie dir gut ein!

Ein Hauptsatz kann allein stehen.	***Ein Nebensatz kann nicht allein stehen.***
Ein Hauptsatz besteht mindestens aus einem Subjekt und einem Prädikat.	***Auch ein Nebensatz besteht normalerweise mindestens aus einem Subjekt und einem Prädikat.***
Die Personalform des Verbs steht immer an zweiter Stelle.	***Die Personalform des Verbs steht fast immer an letzter Stelle.***

Haupt- und Nebensatz werden immer durch Komma abgetrennt!

A 17 Verbinde die Teilsätze zu sinnvollen Satzgefügen und schreibe die Sätze in dein Heft. Unterstreiche alle Nebensätze und notiere, um welche Art von Nebensatz es sich jeweils handelt.

Als Kolumbus sich aufmachte(,) den Atlantik zu überqueren,

die zur Festigung ihrer Herrschaft notwendig erschienen.

Sie hatten mehrere kleine Kulturen erobert,

an denen sich alle 30 km Raststätten mit Vorratslagern befanden.

Nachdem sie die alleinigen Herrscher waren, überlegten die Inka sich Maßnahmen,

die ihrer Militärmacht nicht gewachsen waren.

Daher errichteten sie ein dichtes Netz gepflasterter Straßen,

der als Nachkomme des Gottes Inti galt.

Die Landwirtschaft mit ihren künstlichen Bewässerungssystemen war so hoch entwickelt,

dass selbst schlechte Böden hohe Erträge abwarfen.

Weil die riesigen Lamaherden ausreichend Wolle lieferten,

hatten sie genug Material für gute Kleidung.

An der Spitze der Reiches stand der „Sapay-Inka“,

hatten die Inka im Westen Südamerikas gerade ein großes Reich errichtet.

A 18 Setze die fehlenden Konjunktionen bzw. Relativpronomen ein!

Kolumbus, ... im Auftrag der spanischen Krone gesegelt war, begann die Unterwerfung und Besiedlung Amerikas. .... sich die Spanier vom Reichtum der Neuen Welt überzeugt hatten, kamen immer mehr Europäer, ... das Land besiedeln wollten. Dabei war es ihnen egal, ... sie den Lebensraum der Eingeborenen zerstörten. .... sie auf Widerstand stießen, setzten sie sich mit Waffengewalt durch. .... die Eingeborenen solche Waffen nicht kannten, starben viele oder zogen sich in unbesetzte Gebiete zurück. Diejenigen, ... dies nicht taten, gerieten in spanische Sklaverei. .... dieser Umgang mit den Indianern großes Unrecht war, wurde in Europa kaum diskutiert. Aber 1992, ... sich die Entdeckung der Neuen Welt zum 500. Mal jährte, wurden viele kritische Stimmen laut. Natürlich hatte es vorher schon vereinzelt Kritik daran gegeben, ... die Ureinwohner Amerikas so ausgebeutet wurden.

A 19 Setze die folgenden Textbausteine wieder richtig zusammen und schreibe den Text in dein Heft! Achte auf die Zeichensetzung!

Weil alle Untertanen gemeinsam arbeiteten, brauchte	*die Ohrläppchen ausweiteten, trugen*	*niemand Hunger zu leiden. Alle Alten und Kranken, die*
die wenigen Adligen gegenüber, die	*hohe Ämter in der Verwaltung und beim Militär innehatten.*	*wurde, in drei Teile aufgeteilt: Das*
Unterhalt der Priester diente, und das letzte Drittel, das	*nicht für sich selbst sorgen konnten, wurden von der Gemeinschaft ernährt.*	*zweite Drittel, das zum*
die Bauern und ihre Familien ernähren sollte. Obwohl	*völlig unverständlich, wie*	*den Bauern kein Land selbst gehörte, mussten sie alles bebauen.*
man eine solche Entstellung als Schmuck bezeichnen konnte. Weil	*hatten alles Land, das bebaut*	*Der Masse der armen landlosen Bauern standen*
die Bauern keine Möglichkeit des Aufstiegs hatten, legten	*erste Drittel, das dem Staat gehörte, das*	*sie auch keinen besonderen Ehrgeiz an den Tag. Die Inka*
Weil die hohen Adligen schwere Goldpflöcke, die	*, nannten die Spanier sie „Großohren". Es war den Spaniern*	

Lösungen

Wortarten ▶ Verben

1 *Handlung:* arbeiten – bauen – spielen – singen; *Vorgang:* fallen – sinken – regnen – wachsen; *Zustand:* bleiben – liegen – sein – wohnen

2 regnet, rufe … an. | gehen | finde | liegen | habe | rutsche | schmecken | treffe

3 lesen, gehen, lachen

4 Alle Verben haben im Infinitiv die Endungen *-en* oder *-n*!

5 *Sohn:* „Ich esse keine Blutwurst." | *Mutter:* „Du isst viel zu schnell." | *Vater:* „Ihr esst schon?"

6 *Singular:* ich esse, du isst, er/sie/es isst; *Plural:* wir essen, ihr esst, sie essen

7 *wir gehen:* 1. Pers. Pl. | *ihr segelt:* 2. Pers. Pl. | *ich grabe:* 1. Pers. Sg. | *er/sie/es malt:* 3. Pers. Sg. | *sie mahlen:* 3. Pers. Pl. | *du telefonierst:* 2. Pers. Sg.

8 sie schreiben | ich höre | wir gähnen | ihr singt | er/sie/es schläft | du spielst

9 besucht | lernen | zubereitet | trifft | machen | erfahren | erklärt | verwenden | ernten | verabredet

10

Montag	Dienstag	Mittwoch
Mit Lea getroffen Kinobesuch Eis gegessen	Hausaufgaben Judotraining	Mit Lea treffen Für Mathematikarbeit lernen
Vergangenheit	***Gegenwart***	***Zukunft***

11 Ich lese gerade ein Buch. Es heißt „Die unendliche Geschichte". Dieses Buch hat der Autor Michael Ende geschrieben. Es gefällt mir sehr gut, ist spannend und ich bin neugierig, wie es weitergehen wird. Mein Bruder hat es schon gelesen und wenn du willst, werde ich es dir ausleihen.

12 Frida *backt* Sandkuchen. Die alte Oma *füttert* die Tauben. Der kleine Klaus *sitzt* im Sand und *heult.* Stefan *saust* mit dem Fahrrad vorbei.

13 ich schreibe, du schreibst, er/sie/es schreibt, wir schreiben, ihr schreibt, sie schreiben

14 kennt, meint, muss, darf, bekommt, bestaunen, verliebt, sucht, heiratet, wisst, leben

15 **b)** *mögliche Lösung:* gehen, abbiegen, verläufst, wartest, überquerst, sehen, wünsche

16 rasende, verkaufte, geliebte, singende, bellender, aufgelöste, fliegende, klingendes, geschriebene

17

Infinitiv	Partizip I	Partizip II	Infinitiv	Partizip I	Partizip II
finden	findend	gefunden	schlafen	schlafend	geschlafen
lesen	lesend	gelesen	verkaufen	verkaufend	verkauft
hören	hörend	gehört	träumen	träumend	geträumt

18 Das Perfekt bezeichnet die *vollendete Gegenwart,* denn:
- *Geschehen oder Tätigkeit sind in der Gegenwart bereits abgeschlossen*
- *Folge oder Ergebnis reichen bis in die Gegenwart*

Das Präsens bezeichnet die *andauernde Gegenwart,* denn:
- *das Geschehen ereignet sich gerade*

19 **a)** *gleiche Bestandteile:* ich, er/sie/es, ihr | habe, hat, habt | gegessen, gegessen, gegessen
b) *zu ergänzende Formen:* du hast gegessen | wir haben gegessen | sie haben gegessen

20 ich habe geübt, du hast geübt, er/sie/es hat geübt, wir haben geübt, ihr habt geübt, sie haben geübt | ich bin gerannt, du bist gerannt, er/sie/es ist gerannt, wir sind gerannt, ihr seid gerannt, sie sind gerannt | ich bin geflogen, du bist geflogen, er/sie/es ist geflogen, wir sind geflogen, ihr seid geflogen, sie sind geflogen

21 *Perfekt mit sein, 1. Pers. Sg.:* Ich bin gegangen, geflogen, gekommen, geschwommen, gelaufen, gewandert, gerudert
Perfekt mit haben, 1. Pers. Sg.: Ich habe gehört, gegessen, gedacht, gestanden, gesprochen, gelesen, geklopft

22 ich habe geschlafen, ich bin gelaufen, ich bin gerudert, sie haben geschlafen, sie hat geschlafen, sie sind gelaufen, sie ist gelaufen, sie sind gerudert, sie ist gerudert

23 **a)** g**i**ng, **ar**beiteten, k**a**nnte, ka**m**t, **m**ahnte, s**a**hst, spiel**t**e, schr**i**eben, pflü**ck**tet
GRAMMATIK
b) arbeiten, mahnen, spielen, pflücken
c) gehen, kommen, sehen, schreiben
d) kennen

24 Die mündliche Zeugenaussage ist im **Perfekt** formuliert.
Perfektformen: habe gesehen, habe gewartet, habe mich gewundert, habe beobachtet, gestürmt sind, habe gedacht, habe informiert, habe kommen sehen, hat geführt, habe umarmt
Zeugenaussage im Präteritum: Ich sah den Banküberfall heute Morgen. Ich wartete im Auto auf meine Frau und wunderte mich, als plötzlich der schwarze Lieferwagen vor der Bank hielt. Ich beobachtete drei Männer, die mit Skimützen über dem Kopf in die Bank stürmten. Ich dachte natürlich sofort an meine Frau. Ich informierte umgehend per Handy die Polizei. Wenig später sah ich die ersten Polizeifahrzeuge kommen. In der Bank führte die Polizei die Sache dann zu einem glücklichen Ende und ich umarmte froh meine Frau, als sie herauskam.

25 verhielt, hatte, behandelten, hieß, gefiel, mochte, wollte, überlegte

26 Die Tempora lauten: **Präsens, Perfekt, Präteritum.**
Ich esse, aß, habe einen Apfel gegessen | ich trinke, trank, habe den Becher leer getrunken | ich verspeise, verspeiste, habe das Brötchen verspeist |

Lösungen

ich nasche, naschte, habe vom Pudding genascht | ich probiere, probierte, habe vom Wurstsalat probiert | ich koste, kostete, habe vom Törtchen gekostet | ich mampfe, mampfte, habe ein Käsebrot gemampft | ich verschlinge, verschlang, habe ein Würstchen verschlungen. *Und jetzt ist mir so schlecht!!!*

27 *linkes Bild:*
a) Nummer 2 **b)** Die Jungen liefen weg.
rechtes Bild:
a) Nummer 1 **b)** Die Jungen hatten Fußball gespielt.

28 *Fehlende Formen:* du hattest gegessen, ihr hattet gegessen, sie hatten gegessen
du warst gelaufen, ihr wart gelaufen, sie waren gelaufen

29 **a)** Nachdem Carla das Kleid anprobiert hatte, kaufte sie es sofort. | Pit machte sich sofort auf die Suche, nachdem er die Schatzkarte gefunden hatte. | Die Kinder trafen sich zum Spielen, nachdem sie ihre Hausaufgaben erledigt hatten. | Nachdem die Mutter den Salat angerichtet hatte, rief sie die Kinder zum Essen. | Nachdem Sven den Drachen gekauft hatte, ließ er ihn sofort steigen.
b) Präteritum und Plusquamperfekt

30 **1)** glauben → ich glaube → wir glauben → sie glauben
2) trinken → er/sie/es hatte getrunken → sie hatten getrunken → ihr hattet getrunken → ihr trankt
3) rennen → ich war gerannt → du warst gerannt → ihr wart gerannt → sie waren gerannt → er/sie/es war gerannt → ich war gerannt

31 gekauft hatten | hörten | machten | glaubten | eingezogen waren | gab | kamen | durchsuchte | fand | vergangen war | beschloss | legte | gewartet hatte | ging | zuckte | begann | vergangen waren | sah | musste | war | gefunden hatte.

32 ich werde loben, du wirst loben, er/sie/es wird loben, wir werden loben, ihr werdet loben, sie werden loben

33 „Ich werde der Köchin, dem größten Klatschweib im Dorf, einfach erzählen, ich ginge fort(,) um zu heiraten. In Wirklichkeit jedoch werde ich meine sieben Sachen packen und werde still und leise das Dorf verlassen. Ich werde über die Landstraßen wandern, werde die Schönheit der Welt genießen und werde viele interessante Abenteuer bestehen. Schließlich werde ich viele Jahre später glücklich in mein Dorf zurückkehren(,) um zu sehen, was aus der Köchin und ihren Klatschgeschichten geworden ist."

34

	2. Pers. Sg. Futur	du wirst essen	3. Pers. Pl. Futur	sie werden kommen	2. Pers. Pl. Futur

ihr werdet schreiben	1. Pers. Pl. Futur	wir werden schicken	3. Pers. Sg. Futur
es wird schneien	1. Pers. Sg. Futur	ich werde gewinnen	ENDE

35 In den Sommerferien werde ich nur das tun, wozu ich Lust habe. Ich werde jeden Tag ins Schwimmbad gehen und dort werde ich mich mit Britta treffen. Britta wird erst in der dritten Ferienwoche verreisen, sodass wir viel Zeit haben werden. Zusammen werden wir auch im Wald wandern und am Bach ein Picknick veranstalten. Für eine Woche werde ich auch Oma in Berlin besuchen und dort werden wir die Stadt erkunden. Ich werde dort viele coole Klamotten kaufen, über die alle anderen nur staunen werden.

36 1. Ich schlafe am Sonntag aus. **(P)** 2. Wir werden morgen eine Deutscharbeit schreiben. **(F)** 3. Oma kommt nächste Woche aus dem Urlaub. **(P)**

Wortarten ▶ Nomen und Artikel

1 *Lebewesen:* der Fisch – der Postbote – die Lerche – die Eule – das Mädchen
Pflanzen: die Rose – das Gras – der Flieder – die Lärche – das Efeu
Dinge: das Auto – der Eimer – der Kasten – das Radio – der Topf
Gefühle: die Angst – die Trauer – die Wut – das Vertrauen – der Zorn

2 einen – Der – einen – Der – eine | einen – Der – einem – der – den | ein – dem – eine – die – eine

3 Laufen – laufen | schwimmen – Schwimmen | Reiten – reiten

Regel: Der Artikel begleitet immer ein Nomen. Man unterscheidet zwischen den bestimmten Artikeln *der – die – das* und den unbestimmten Artikeln *einer – eine – eines.*

4 Frosch, Schweinchen, Amsel | Fahrrad, Reifen, Klingel | Opa, Frau, Großmutter

5 *Maskulinum:* der Frosch, der Reifen, der Opa
Femininum: die Amsel, die Klingel, die Frau, die Großmutter
Neutrum: das Schweinchen, das Fahrrad

6
→ das Buch, der Schmerz, die Nase, die Blume, die Freundin, die Pause, der Baum, der Zahn, der Duft, die Brille
→ die Musik, der Rasen, der Kopf, das Zimmer, der Gesang, die Garage, das Gras, die Dusche, das Ohr, der Tanz

7

	Genus	*natürliches Geschlecht*
das Fräulein	Neutrum	weiblich
der Junge	Maskulinum	männlich
das Kind	Neutrum	männlich/weiblich

8
a) **Singular *(Plural)*:** Pizza *(Pizzas/Pizzen);* Kater *(Kater);* Frosch *(Frösche);* Segel *(Segel);* Kran *(Kräne);* Kino *(Kinos);* Lehrer *(Lehrer);* Buch *(Bücher);* Tasche *(Taschen);* Radio *(Radios);* Hand *(Hände);* Kind *(Kinder)*
b) *Endung -e:* die Frösche, die Kräne, die Hände | *Endung -er:* die Bücher, die Kinder | *Endung -en/-n:* die Pizzen, die Taschen | *Endung -s:* die Pizzas, die Kinos, die Radios | *keine besondere Endung:* die Kater, die Segel, die Lehrer

Lösungen

9 *Maskulinum:* der Vogel (die Vögel); der Mund (die Münder); der Kugelschreiber (die Kugelschreiber) | *Femininum:* die Maus (die Mäuse); die Zeugin (die Zeuginnen); die Kartoffel (die Kartoffeln) | *Neutrum:* das Buch (die Bücher); das Boot (die Boote), das Segel (die Segel)

10 *1. Beispiel:* Manche Nomen haben nur den Plural.
2. Beispiel: Bei manchen Nomen sind verschiedene Pluralformen möglich.
3. Beispiel: Manche Nomen lauten im Singular gleich, unterscheiden sich aber im Plural und haben auch unterschiedliche Bedeutungen
4. Beispiel: Manche Nomen haben nur den Singular.

11
1. Der Schatzsucher muss auf der Totenkopfinsel sehr vorsichtig sein.
2. Die Ausrüstung des Schatzsuchers muss von guter Qualität sein.
3. Kurz vor dem Ziel versperrt dem Schatzsucher ein Felsbrocken den Weg.
4. Diese Hinweise sollen den Schatzsucher ein letztes Mal warnen.

12 den Anker | dem Dreimaster | der Nacht | dem Matrosen | die Ausrüstung | dem Beiboot | der Schatzsuche | der Mannschaft | der Bordwache | einer Eule | der Mittagssonne | der Schatzkarte | der Innentasche des Umhangs | der Totenkopfinsel

13 *1. Frage:* Wer oder was muss auf der Totenkopfinsel sehr vorsichtig sein?
Antwort: Der Schatzsucher muss vorsichtig sein. *Kasus:* Nominativ
2. Frage: Wessen Ausrüstung muss von guter Qualität sein?
Antwort: Die Ausrüstung des Schatzsuchers. *Kasus:* Genitiv
3. Frage: Wem versperrt kurz vor dem Ziel ein Felsbrocken den Weg?
Antwort: Dem Schatzsucher versperrt ein Felsbrocken den Weg. *Kasus:* Dativ
4. Frage: Wen oder was sollen diese Hinweise ein letztes Mal warnen?
Antwort: Den Schatzsucher sollen diese Hinweise warnen. *Kasus:* Akkusativ

14 a)

	Kasus	**Tiger**	**Giraffe**	**Nashorn**
Singular	**Nominativ**	der Tiger	die Giraffe	das Nashorn
	Genitiv	des Tigers	der Giraffe	des Nashorns
	Dativ	dem Tiger	der Giraffe	dem Nashorn
	Akkusativ	den Tiger	die Giraffe	das Nashorn
Plural	**Nominativ**	die Tiger	die Giraffen	die Nashörner
	Genitiv	der Tiger	der Giraffen	der Nashörner
	Dativ	den Tigern	den Giraffen	den Nashörnern
	Akkusativ	die Tiger	die Giraffen	die Nashörner

b)

	Kasus	**Nest**	**Baum**	**Amsel**
Singular	**Nominativ**	das Nest	der Baum	die Amsel
	Genitiv	des Nestes	des Baumes	der Amsel
	Dativ	dem Nest	dem Baum	der Amsel
	Akkusativ	das Nest	den Baum	die Amsel
Plural	**Nominativ**	die Nester	die Bäume	die Amseln
	Genitiv	der Nester	der Bäume	der Amseln
	Dativ	den Nestern	den Bäumen	den Amseln
	Akkusativ	die Nester	die Bäume	den Amseln

c) *Tiger:* Maskulinum | *Giraffe:* Femininum | *Nashorn:* Neutrum | *Nest:* Neutrum | *Baum:* Maskulinum | *Amsel:* Femininum

15 Nominativ, Genitiv, Akkusativ, Akkusativ, Nominativ, Nominativ, Dativ, Akkusativ, Akkusativ, Genitiv, Akkusativ, Genitiv

16 *die Frau:* Nom. Sg., Fem. / Akk. Sg., Fem. | *den Elefanten:* Akk. Sg., Mask. | *dem Blümchen:* Dat. Sg., Neutr. | *der Böden:* Gen. Pl., Mask. | *die Mäuschen:* Nom. Pl., Neutr. / Akk. Pl., Neutr. | *des Witzes:* Gen. Sg., Mask. | *der Trompete:* Gen. Sg., Fem. / Dat. Sg., Fem.

17 Deklination bezieht sich auf die Wortart *Nomen*. Bei der Deklination gibt man *Genus, Numerus, Kasus* an.
Konjugation bezieht sich auf die Wortart *Verb*. Bei der Konjugation gibt man *Person, Numerus, Tempus* an.

Wortarten ▶ Personal- und Possessivpronomen

1 ihre – sie – sie – ihn – ihre – Sie – sie

2 **ich** → *meine* Katze, *mein* Hund, *mein* Kaninchen, *meine* Hühner
du → *deine* Schule, *dein* Kugelschreiber, *dein* Heft, *deine* Buntstifte
er → *seine* Puppe, *sein* Ball, *sein* Springseil, *seine* Stelzen
sie → *ihre* Flöte, *ihr* Flügel, *ihr* Klavier, *ihre* Geigen
es → *seine* Hose, *sein* Rock, *sein* Hemd, *seine* Strümpfe
wir → *unsere* Straßenbahn, *unser* Roller, *unser* Flugzeug, *unsere* Autos
ihr → *euer* Mohn, *eure* Möhre, *euer* Müsli, *eure* Maultaschen
sie → *ihre* Garage, *ihr* Garten, *ihr* Haus, *ihre* Nachbarn

3 ihrem – Sie – es | seinen – Ich – euch | ihrer – sie – sie – Ihre – ihr – uns | seine – du – mich

4 er – er – seinen – seinem – er – sie – ihr – ihm – sie – ihren – ihm – Du – wir – sie – ihrem

Wortarten ▶ Adjektive und Adverbien

1 **a)** wichtig, saubere, ruhigen, erholsamen, gut, vornehmes, breite, schönes, großer
b) saubere – sauber | ruhigen – ruhig | erholsamen – erholsam | vornehmes – vornehm | breite – breit | schönes – schön | großer – groß

2 tollen – großen und supermodernen – bequeme – sonnigen – neuen – herrlichen – ganz und gar – alkoholfreien – freundliche – bauchigen – orangefarbenen – exotischen

3 *Tobias meint dagegen:* Die Fähre war altmodisch und auch der Campingplatz, den meine Eltern ausgesucht hatten, war langweilig. Die Bergtour war öde und die Küste, an der wir gewesen sind, war scheußlich. Das Wasser war dreckig, trüb und eiskalt. Die Bücher, die meine Eltern mitgebracht hatten, waren uninteressant. Am schlimmsten waren aber die tristen Wanderungen auf der Insel.

4 fröhlicher, junge, grauen, schneeweiße, kleines, schneeweißen, fröhlichen, jungen, grauen, fröhliches, kleine

5

Adjektiv	*Bezugswort*	*Grundform*	*Adjektiv*	*Bezugswort*	*Grundform*
fröhliche	Bauer	*fröhlich*	grauen	Esel	*grau*
fröhlichen	Bauern		grauen	Eselsrücken	
fröhliches	Liedchen		schneeweiße	Ziege	*schneeweiß*
junge	Ziege	*jung*	schneeweißen	Hals	
jungen	Ziege		kleines	Glöckchen	*klein*
			kleine	Karawane	

6 trickreiche, listige, dicht bewachsenen, vergnügte, tierischen, grünen, flinke, lautlosen, mächtigen, ahnungslosen, scharfen, dünnen, kleine, langen, tiefen
[Anmerkung: Die Texte „Ein märchenhaftes Rätsel" und „Der trickreiche Gauner" sind angelehnt an das persische Märchen „Die Wette der drei Gauner"]

7 schön, schön, am schönsten, am schönsten, schöner

8

Positiv	*Komparativ*	*Superlativ*
klug	klüger	am klügsten
warm	wärmer	am wärmsten
alt	älter	am ältesten
nervös	nervöser	am nervösesten
spannend	spannender	am spannendsten

9

Positiv	*Komparativ*		*Superlativ*
ideal	begeisternder	besser	größten
zart	strahlenderes	billiger	nettesten
reduziert	quadratischer	mehr	
	praktischer		

10 *unregelmäßige Bildung:* **1.** gut – besser – am besten
2. viel – mehr – am meisten
keine Steigerungsmöglichkeit: ideal

11 genug, gerne, heimlich, insgeheim – *nicht deklinierbar:* Adverbien

Wortarten ▶ Zahlwörter

1 acht | Erste | Erste | eine | Dritter | Achte | zweiundzwanzig | zweimal | drei

2 wenig | meiste | einige | Viele | wenigen | manche | ein paar

Wortarten ▶ Präpositionen

1

	räumliches Verh.	*zeitliches Verh.*	*Verh. d. Art u. Weise*	*Begründung*
Fragewort	WO? WOHIN?	WANN?	WIE?	WARUM?
Beispiele	***hinter*** die Tür ***neben*** dem Schrank	***nach*** zwei Stunden ***vor*** vier Jahren	***mit*** großem Mut ***auf*** Englisch	***wegen*** ihrer Tochter ***vor*** Anstrengung

2 a) vor *(zeitl.)* | zur *(räuml.)* | wegen *(Begründung)*
b) vor *(Begründung)* | auf *(Art und Weise)* | um *(zeitl.)* | über *(räuml.)*

3 seit – auf – in – wegen – am – mit – zum – durch – ans – um – an – nach – mit – während – mit – ans – von – für

Wortarten ▸ Konjunktionen

1 oder | sowohl – als auch | entweder – oder | aber | nicht nur – sondern auch | und | oder | und | denn

2 damit, nachdem, obwohl, sobald, bevor, dass

3 Normalerweise ist Paul immer pünktlich in der Schule, aber heute ist wirklich alles Schlechte zusammengekommen. | Zuerst funktionierte der Radiowecker nicht, weil es in der Nacht einen Stromausfall gegeben hatte. | Deshalb wurde Paul erst eine halbe Stunde später als üblich wach und musste sich im Bad und beim Frühstücken ziemlich beeilen. | Zu allem Unglück verpasste Paul auch noch den Bus, nachdem er wegen seines liegen gelassenen Pausenbrotes noch einmal umgekehrt war. | Paul holte nun schnell das Fahrrad aus dem Keller, obwohl er wusste, dass die Hinterradbremse nicht funktionierte. | Paul trat voller Schwung in die Pedale, doch zur ersten Stunde kam er trotzdem zu spät.

Wortarten ▸ Abschlusstest

1 *Nomen:* Bildschirm – Freizeit – Huhn | *Verben:* lachen – spielen – tanzen | *Adjektive:* blau – früh – glücklich | *Pronomen:* deine – euch – mir – sie – wir | *Präpositionen:* auf – gegen – hinter – nach – um | *Konjunktionen:* damit – dass – denn – oder – wenn | *Adverbien:* gerne – gestern – immer – oft | *Zahlwörter:* dreifach – eins – manche – neuntens

2
1. Konjunktion – Personalpronomen – Adverb – Zahlwort – Nomen – Präposition – Nomen – Nomen – Verb – Verb – Verb – Personalpronomen – Personalpronomen – Artikel – Nomen
2. Konjunktion – Possessivpronomen – Adjektiv – Nomen – Verb – Adverb – Adverb – Artikel – Nomen (nominalisiertes Verb)

Wortbildung ▸ Zusammensetzungen

1
die Kugel + der Schreiber: der Kugelschreiber
der Brief + der Kasten: der Briefkasten
das Haus + die Tür: die Haustür
das Auto + die Bahn: die Autobahn
das Fenster + die Bank: die Fensterbank
das Bett + die Wäsche: die Bettwäsche

2 a) **der** Auto**fahrer** | **die** Mathematik**lehrerin** | **das** Gast**haus**
b) zitronengelb = *Adjektiv* | Schnellläufer = *Nomen* | Fertiggericht = *Nomen* | riesengroß = *Adjektiv*

3 die Brille**n**schlange, der Freund**es**kreis, das Schmerz**ens**geld, die Dorn**en**hecke, der Advent**s**kranz, der Bild**er**rahmen

4 *Adjektive:* spindeldürr, eiskalt, haushoch, geistreich, stockdunkel, pfeilschnell, taghell, handfest;
Nomen: Braunbär, Gutschein, Geheimtipp, Reitstiefel, Drehbuch, Lesebrille, Gehweg, Fahrzeit

Wortbildung ▶ Ableitungen

1 **a)** *Präfixe:* auf – vor – zu – ein – ver – ent – ab
Wortstämme: gabe – fall – nahme – gang – kauf – schluss – fluss
b) Aufgang (Aufnahme, Aufschluss) | Vorgabe (Vorgang) | Zufluss (Zugabe, Zufall, Zugang) | Einkauf (Eingabe, Einfall, Einnahme) | Verfall (Vergabe, Verschluss) | Entnahme | Abschluss (Abgabe, Abfall, Abnahme, Abgang)

2 die Schönheit | die Fähigkeit | der Reichtum | die Verwandtschaft | die Einigkeit – die Einigung | die Gleichheit – die Gleichung – das Gleichnis

3 **a)** wunderbar, furchtsam, ärgerlich, traumhaft, windig
b) -bar, -sam, -lich, -haft, -ig

4 aufstehen – überlege – anziehen – vorbereiten – natürlich – Bäcker – Brötchen – vergessen – verärgert – Bedienung – langsam – bezahlen

Wortfamilie und Wortfeld

1 ***such*** Untersuchung, Besuch, Versuch, Suche, Gesuch
mut vermuten, mutig, Entmutigung, mutlos, Zumutung
geb abgeben, Umgebung, ausgeben, Angeber, aufgeben
fall auffallen, Überfall, Zufall, einfallen, verfallen
red Unterredung, Rede, Verabredung, Rednerin, Vorrede
schlag Vorschlag, Schlager, Anschlag, beschlagen, geschlagen

2 ***schreib*** schreiben, schreibend, aufschreiben, umschreiben, beschreiben, verschreiben, unterschreiben, vorschreiben, Schreiber, Schreiberin, Umschreibung, Beschreibung, Abschreibung, Verschreibung …
les lesen, lesend, vorlesen, auslesen, belesen, ablesen, verlesen, durchlesen, leserlich, lesbar, Leser, Leserin, Vorlesung, Verlesung, Auslese …

3 ***fragen:*** aushorchen, erforschen, nachhaken, sich erkundigen, sich informieren
höflich: aufmerksam, rücksichtsvoll, zuvorkommend, taktvoll, freundlich
Sache: Angelegenheit, Ding, Fall, Ereignis, Thema
schwierig: schwer, gefährlich, problematisch, anstrengend, kompliziert
sagen: mitteilen, erzählen, sich äußern, darauf hinweisen, erläutern

4 daran teilgenommen – Fahrbahn – teilgenommen – Turnieren – gestiftet – gebacken – gemundet – an den Flammen – mit Sicherheit

Was ist ein Satz?

1 b - e - g - f - c - a - d

2 Huch! | So eine Schweinerei! | Bin wohl zu ungeschickt. | Hm! | Immer du!

3 Zweifel – Hm! | Empörung – Hey! | Erschrecken – Huch!

4 **b)** Ich gerate in Panik! **c)** Mir ist langweilig! **d)** Ich bekomme keine Luft mehr!

Satzglieder als Bausteine eines Satzes – Satzglieder I

1 Liebe Anne, herzliche Grüße aus Sacramento sendet dir Dennis. Im Moment habe ich viel Arbeit. Deshalb habe ich dir lange nicht geschrieben. Hier in Kalifornien herrscht eine große Hitze. Ich gehe jeden Tag vor der Arbeit in den Pool. Anders halte ich das nicht aus! Hoffentlich ist es in Deutschland nicht so heiß. Schreib mal zurück! Alles Liebe, dein Dennis

2 **1.** lieben, **2.** nutzen, **3.** geht, **4.** besucht, **5.** machen, **6.** grillen

3 seine Eltern | Kevin und sein neuer Freund Ben | fish and chips | bekannte Persönlichkeiten als Wachsfiguren | seine Oma | der Vater

4 **a)** besuchen – besuchen **b)** kauft – kauft **c)** zeigt – zeige **d)** trinkst – frage, trinkt

5 Die Sonne scheint. | Der Ausflug findet statt. | Die Kinder gehen schwimmen. | Der Ball fliegt in die Luft.

6 Peer und Axel | sie | die Köder | die Jungen | sie | das Fangen | das Kochen

Regel: **a)** Nomen oder Nomen mit Beifügungen **b)** Eigennamen **c)** Pronomen

7 Die beiden Jungen verbringen einen abenteuerlichen Tag am See. Sie erkunden die Umgebung und entdecken dabei eine Höhle. Vorsichtig schleichen sich die Freunde in das Innere der Höhle, doch sie müssen bald umkehren, da ihnen Taschenlampen fehlen. Am nächsten Tag kommen die Jungen mit Taschenlampen bewaffnet wieder. Die Erkundung der Höhle kann beginnen. Peer geht mutig voran, Axel folgt ihm ängstlich. Nach einer Wanderung durch einen etwa hundert Meter langen Gang ruft Peer: „Wir haben eine riesige Tropfsteinhöhle entdeckt!" Fasziniert schauen sich die beiden die glitzernden Steinformationen an. Einige Hundert Stalaktiten hängen wie Fledermäuse von der Höhlendecke herab. Ein Stalagmit beeindruckt Axel besonders: Er sieht aus wie ein Mensch. Nach einer halben Stunde in der Höhle treten die jungen Entdecker den Rückweg an, denn ihre Taschenlampen werden immer schwächer. Sie kommen aber sicherlich morgen wieder.

8 *Eine mögliche Lösung könnte lauten:* Am nächsten Morgen ***holt*** Axel seinen Freund ***ab*** und nach kurzer Suche ***finden*** sie die Höhle ***wieder***. Gerade wollen sie die Höhle betreten, als sie plötzlich Männerstimmen hören. Schnell ***laufen*** die beiden ***weg*** und verstecken sich im Gebüsch. Von dort aus beobachten sie zwei Männer, die eine große Kiste in die Höhle schleppen. Die beiden Freunde sehen sich an und Peer flüstert: „Schmuggler!" Nach einigen Minuten schleichen sie von ihrem Versteck zur Höhle. Peer betritt als Erster den Gang, Axel folgt. Nach ungefähr fünfzig Metern hören sie einen lauten Knall. Sie ***erschrecken*** und beginnen zurückzulaufen. Dabei ***verlieren*** sie ihre Taschenlampen. Plötzlich stehen sie vor einer Felswand und ein schwarz gekleideter Mann nähert sich ihnen. Zuerst ***sieht*** er sie finster ***an***, dann lacht er laut: „Na, ihr Höhlenforscher, da habt ihr euch sicher ganz schön erschreckt. Wir sind Geologen und tragen Arbeitsmaterial in die Höhle. Sie soll für Besucher zugänglich gemacht werden und wir richten sie so ein, dass niemand die einzigartigen Stalaktiten und Stalagmiten ***zerstört***. Schließlich sollen noch viele Leute diese Naturschönheit ***besichtigen***." Peer und Axel sind erleichtert und schauen den Geologen noch eine ganze Weile bei ihrer Arbeit zu.

9 **a)** den Zirkus **b)** sie, den Clown Beppo **c)** die Frage **d)** das mutige Auftreten **e)** Katharina und Julia, mich, tausend Dank

10 **a)** Ich danke dir sehr, dass du mir helfen willst. **b)** Das Kind ähnelt seinem Vater. **c)** Der Lehrer nimmt sich der Probleme an. **d)** Der Dieb entledigt sich der Beweismittel. **e)** Wir helfen unserer alten Nachbarin. **f)** Die Kinder sind einer großen Katastrophe entgangen.

11 mit, an, auf, um, nach, auf, aus, gegen, in, auf, an, für

12 **a)** Herr Richter beharrt auf seinem Standpunkt. **b)** Die Klasse bangt um die bevorstehende Klassenarbeit. **c)** Die Schülerinnen freuen sich auf die neue Mitschülerin. *Oder:* Die Schülerinnen freuen sich über die neue Mitschülerin.

13
2. Viele Menschen | vertrauten | *dieser Hexe.*
   Wem vertrauten viele Menschen? Dieser Hexe (DO).
3. Drei Ärzte | versuchten | *den kranken Bürgermeister* | zu heilen.
   Wen versuchten drei Ärzte zu heilen? Den kranken Bürgermeister (AO).
4. Doch | *kein Arzt* | wusste | Rat. **Wer wusste Rat?** Kein Arzt (S).
5. Da | bat | die Frau des Kranken | die Hexe | *um Hilfe.* **Um was bat die Frau des Kranken die Hexe?** Um Hilfe (PO).
6. Die Hexe | gab | der Frau | bereitwillig | *die rettende Medizin.*
   Was gab die Hexe der Frau bereitwillig? Die rettende Medizin (AO).
7. Später | wurde | die Hexe | *der Gotteslästerung* | angeklagt.
   Wessen wurde die Hexe später angeklagt? Der Gotteslästerung (GO).
8. Nun | bedurfte | sie | *der Hilfe des Bürgermeisters.*
   Wessen bedurfte sie nun? Der Hilfe des Bürgermeisters (GO).
9. Doch | dieser | hatte | *die Tat der Hexe* | vergessen.
   Was hatte dieser vergessen? Die Tat der Hexe (AO).
10. *Die Frau* | wurde | am 14.4.1169 | auf dem Scheiterhaufen | verbrannt.
    Wer wurde am 14.4.1169 auf dem Scheiterhaufen verbrannt? Die Frau (S).

Satzglieder II

1 **a)** Heute gegen 12.30 Uhr. **b)** Auf der viel besuchten Hochstraße. **c)** Mit einem Fahrrad. **d)** Lautlos wie eine Katze. **e)** Nur zehn Minuten. **f)** Genaustens. **g)** Schon seit einer Stunde. **h)** Mithilfe einer Waffe.

2 **a)** adv. Best. der Zeit (temporal); **b)** adv. Best. des Ortes (lokal); **c)** adv. Best. der Art und Weise (modal); **d)** adv. Best. der Art und Weise (modal); **e)** adv. Best. der Zeit (temporal); **f)** adv. Best. der Art und Weise (modal); **g)** adv. Best. der Zeit (temporal); **h)** adv. Best. der Art und Weise (modal)

3 **a)** aB; **b)** pO, aB; **c)** aB, pO; **d)** pO, aB; **e)** pO

4 Tolle Landluft | Frische Milchprodukte in großer Auswahl | Faszinierende Umgebung | Unsere Wurstspezialitäten ohne Konservierungsstoffe | Erholung auf dem Bauernhof | Gemütliche Ferienwohnung der Spitzenklasse | Atemberaubende Abenteuer | Himmlische Ruhe in freier Natur | Spannende Tierfütterung

5 a) eine spannende → Angelegenheit *(Adjektivattribut)*
b) die stressgeplagten → Eltern *(Adjektivattribut)*, die Abgeschiedenheit ← des Dorfes *(Nomen im Genitiv)*
c) ohne irgendeine → Verpflichtung *(Pronomen)*
d) kurze → Ausflüge ← in die nähere Umgebung *(Adjektivattribut und Nomen mit Präposition)*

6 der Besitzer des Bauernhofs | einem Fachwerkhaus aus dem 18. Jahrhundert | die Tochter der Familie | ein sehr kräftiger Mann | eine gemütliche Kammer unter dem Dach

7 Der hübsche Bauernhof der Familie Mertert lädt Menschen aus der Stadt zum Verweilen ein. Die Dorfkneipe, ein Anziehungspunkt für Einheimische und Gäste, ist jeden Abend voll. Man erzählt sich dort Geschichten aus alten Zeiten oder tauscht die neusten Neuigkeiten aus. Die Städter finden wegen der Offenherzigkeit der Dorfbewohner schnell Kontakt.

Satzarten

1 a) **1.** Aussagesatz (.), **2.** Fragesatz (?), **3.** Aussagesatz (.), **4.** Fragesatz (?), **5.** Aufforderungssatz (!), **6.** Fragesatz (?), **7.** Aussagesatz (.), **8.** Aufforderungssatz (!), **9.** Aussagesatz (.), **10.** Aussagesatz (.)
b) *Aussagesatz:* zweite Satzgliedstelle, *Fragesatz:* erste oder zweite Satzgliedstelle, *Aufforderungssatz:* erste Satzgliedstelle

Regel: zweiter – Punkt | erster – Ausrufezeichen | Fragezeichen

2 *Vorschläge:* **1.** Hundert Meter weiter steht die nächste Notrufsäule, **2.** Ja, **3.** Peter, **4.** Nein

3 Entscheidungsfragen *(Satz 2)* und W-Fragen *(Sätze 4 und 6)*

4 b) *Frage:* Fährst du weiter? *Aufforderung:* Fahr weiter! *Feststellung:* Du fährst weiter.

Satzreihe – Satzgefüge

1 a) *mindestens ein Satz:* Julia hat Geburtstag, heute Nachmittag steigt die große Geburtstagsfeier, Julia hat ein paar Freundinnen und Freunde aus ihrer Klasse eingeladen, sie ist schon ganz aufgeregt, gegen 15.00 Uhr kommen die ersten Gäste, Daniel erscheint als Letzter um 15:30 Uhr.
höchstens sechs Sätze: Du kannst aus allen Kommas Punkte machen, denke daran, dass du nach dem Punkt großschreiben musst!
b) und – denn – aber – doch – denn

Lösungen

2 Am Abend feuert Julias Mutter den Grill(,) und ihr Vater bereitet mit der Fritteuse riesige Mengen von Pommes frites zu. | Als Gastgeberin versorgt Julia alle Gäste mit Getränken, denn sie möchte, dass sich alle wohl fühlen. | Julias Mutter grillt Würstchen und Fisch, aber die Gäste können sich auch verschiedene Gemüse aussuchen, die gegrillt werden. | Hast du schon einmal gegrillte Paprika probiert(,) oder kennst du in Alufolie gebackene Zucchini? | Abends zündet Julia im Garten Fackeln an, aber sie brennen sehr schnell ab. | Julia ist sehr zufrieden mit ihrer Feier, aber Jan blickt die ganze Zeit betrübt vor sich hin. | Sie versucht ihn zu ermutigen: „Ärgere dich doch nicht über die Schokoflecken überall, sondern genieße lieber die Feier!" | Erst spät am Abend machen sich die Gäste auf den Heimweg(,) und Sabrina geht als Letzte. | Am nächsten Tag begutachtet Julia ihre Geschenke, denn erst jetzt hat sie richtig Zeit dazu.

3 frühstücke – muss – nehme – packe – frage – schmiert

Regel: … an **zweiter** Stelle! – … an **letzter** Stelle!

4 … das im letzten Monat im benachbarten Stadtteil eröffnet wurde. | obwohl die Wettervorhersage Regenschauer angekündigt hat. | weil ich dort meine Freunde treffen möchte.

5 Weil viele Kinder einmal Ferien auf dem Bauernhof machen wollen, | wenn sie den ganzen Tag Ruhe haben. | Damit die Kinder helfen können, | wie sie helfen können | die schon einmal auf einem Bauernhof waren

6 **a)** …, damit sie ihre Waren verkaufen konnten. | …, weil er für alle gut erreichbar sein sollte. | …, sodass dort viel Trubel herrschte. | …, damit sie einerseits ihre Waren anbieten und andererseits auch selbst einkaufen konnten. | Nachdem die Fernhandelskaufleute von ihren weiten Reisen zurückgekehrt waren, … | Da die Städter mit Geld bezahlten, …

b) wenn, damit, weil, sodass, damit, nachdem, da, weil

c) unterordnende Konjunktionen

7 weil – dass – wenn – nachdem – obwohl – sodass – nachdem

8 Die reichen Kaufmannsfamilien stellten meist den Bürgermeister, sodass sie neben ihrem Reichtum auch noch die Macht in der Stadt hatten. Nachdem sich die Kaufleute zusammengeschlossen hatten, war es ihnen im Laufe der Zeit aufgrund ihres wirtschaftlichen Erfolges gelungen, zu Ansehen zu gelangen. Wenn Vertreter der Zünfte auch mit in den Stadtrat wollten, ließen sie dies nicht zu. Weil die Ratsherren ohne Bezahlung arbeiteten, mussten sie reich genug sein, um diese Aufgabe übernehmen zu können. Die Patrizier achteten darauf, eine abgetrennte Gemeinschaft zu bleiben, indem sie ihre Kinder untereinander verheirateten.

9 Bevor Alexander der Große sich anschickte Kleinasien zu erobern, … | Obwohl Alexander erst 18 Jahre alt war, … | Weil sein Vater die makedonischen Truppen zu einem schlagkräftigen Heer ausgebildet hatte, … | Damit Alexander aber nicht nur ein guter Feldherr, sondern auch ein gebildeter König werden würde, … | Als Phillip II. einem Attentat zum Opfer fiel, … | Nachdem ihn Griechenland als neuen Herrscher anerkannt hatte, … | Während der persische Großkönig ein Heer im Landesinneren aufstellte, … | …, indem er sich an die Spitze seines Heeres stellte. | Als Darius dies sah, … | …, damit er die Stützpunkte der persischen Flotte in seine Hand bringen konnte. | Wenn er auf Widerstand stieß, … | Als Alexander Ägypten eroberte, … | Weil diese Stadt nicht nur ein Militärstützpunkt sein sollte, …

10
- → Nachdem er einen dortigen Fürsten besiegt hatte, weigerten sich seine Soldaten jedoch noch weiter zu kämpfen.
- → Weil sie befürchteten, dass ihr König so lange kämpfen wollte, bis er die ganze Welt erobert hätte, forderten sie ihn zur Rückkehr nach Persien auf.
- → Alexander musste ihrem Willen nachgeben und ließ Schiffe bauen, sodass das Heer den Indus hinunterfahren konnte.
- → Weil aber Alexander von dem Drang besessen war, Übermenschliches leisten zu müssen, ließ er nicht alle Soldaten auf diesem Wege nach Hause reisen.
- → Er durchquerte mit einem Teil des Heeres die Wüste zwischen Indien und Persien, sodass viele Soldaten dabei umkamen.

11 nachdem – obwohl – indem – dass – sodass – weil – dass – damit – obwohl

12 **a)** genauere Informationen – Substantiv, **b)** letzter – Nebensätze, **c)** der, die, das

13 Sophia, die die älteste Schwester von Kaiser Otto III. war, … | … die Möglichkeiten und Einschränkungen erkennen, die das Leben adliger Frauen vor tausend Jahren mit sich brachte. | … Tochter, die noch ein kleines Mädchen war, … | Die Mädchen, die hier Schreiben und Lesen lernten, … | … ihrer Töchter, die entweder bald heirateten oder ein Leben als Schwester im Kloster begannen. | … die Tochter, die nicht heiraten sollte, …

14 Für die meisten Menschen, die heute an vergangene Zeiten denken, ist das Mittelalter die Zeit der Ritter und Burgen. Zum Ritterstand, der die mittelalterliche Kultur maßgeblich prägte, gehörten jedoch nur wenige Männer. Die Ritter, die im Krieg als bewaffnete Reiter ihren Dienst taten, mussten selbst für ihre Ausrüstung sorgen. Sie verfügten über eine Rüstung, deren Gewicht mehrere Kilo betrug, zwei oder drei Pferde und einen Knecht, der sowohl die Pferde als auch seinen Herren betreuen musste. Nur begüterte Herren, die viel Land besaßen, konnten die Kosten für Ausrüstung und Pferde aufbringen. Daher übergab ihnen der König Land, das sie bewirtschaften konnten. Zur Rüstung eines Ritters, die ein kleines Vermögen kostete, gehörte eine Lanze, die über die Schulter gehängt wurde und den Gegner während des Reitens aus dem Sattel werfen sollte. Für den Nahkampf besaß er ein Schwert, das reich verziert war.

15 die – die – der – der – den – denen – die – die – der – die – denen

16
- → Das Leben der Bauern, die in kleinen Dörfern lebten, war hart.
- → Die Bauern mussten von einem Stück Acker leben, das oft nicht sehr groß war.
- → Außerdem mussten sie die Felder des Adligen, die in ihrer Umgebung lagen, bearbeiten.
- → Sie mussten dem Adligen auch einen Teil ihrer Gänse oder Hühner abliefern, die sie gemästet hatten.
- → Könige und Ritter, die im Mittelalter nur die Aufgabe hatten zu kämpfen, brauchten nicht auf dem Feld zu arbeiten.
- → Auch für die Versorgung der Pfarrer, die die Gottesdienste im Dorf leiteten, waren die Bauern zuständig.

Lösungen

17 Als Kolumbus sich aufmachte(,) den Atlantik zu überqueren ***(Konjunktionalsatz)***, hatten die Inka im Westen Südamerikas gerade ein großes Reich errichtet. Sie hatten mehrere kleine Kulturen erobert, die ihrer Militärmacht nicht gewachsen waren ***(Relativsatz)***. Nachdem sie die alleinigen Herrscher waren ***(Konjunktionalsatz)***, überlegten die Inka sich Maßnahmen, die zur Festigung ihrer Herrschaft notwendig erschienen ***(Relativsatz)***. Daher errichteten sie ein dichtes Netz gepflasterter Straßen, an denen sich alle 30 km Raststätten mit Vorratslagern befanden ***(Relativsatz)***. Die Landwirtschaft mit ihren künstlichen Bewässerungssystemen war so hoch entwickelt, dass selbst schlechte Böden hohe Erträge abwarfen ***(Konjunktionalsatz)***. Weil die riesigen Lamaherden ausreichend Wolle lieferten ***(Konjunktionalsatz)***, hatten sie genug Material für gute Kleidung. An der Spitze des Reiches stand der „Sapay-Inka", der als Nachkomme des Gottes Inti galt ***(Relativsatz)***.

18 der – als – die – dass – wenn – weil – die – dass – als – dass

19 Der Masse der armen landlosen Bauern standen die wenigen Adligen gegenüber, die hohe Ämter in der Verwaltung und beim Militär innehatten. Weil die hohen Adligen schwere Goldpflöcke, die die Ohrläppchen ausweiteten, trugen, nannten die Spanier sie „Großohren". Es war den Spaniern völlig unverständlich, wie man eine solche Entstellung als Schmuck bezeichnen konnte. Weil die Bauern keine Möglichkeit des Aufstiegs hatten, legten sie auch keinen besonderen Ehrgeiz an den Tag. Die Inka hatten alles Land, das bebaut wurde, in drei Teile aufgeteilt: Das erste Drittel, das dem Staat gehörte, das zweite Drittel, das zum Unterhalt der Priester diente, und das letzte Drittel, das die Bauern und ihre Familien ernähren sollte. Obwohl den Bauern kein Land selbst gehörte, mussten sie alles bebauen. Weil alle Untertanen gemeinsam arbeiteten, brauchte niemand Hunger zu leiden. Alle Alten und Kranken, die nicht für sich selbst sorgen konnten, wurden von der Gemeinschaft ernährt.

Verzeichnis der grammatischen Fachbegriffe

Fachausdruck	Erklärung	Beispiel	Seite
Adjektiv	Eigenschaftswort	*bequem, freundlich, schön*	42
Adverb	Umstandswort	*überall, freitags, ungefähr*	48
Adverbiale Bestimmung → Kausal → Lokal → Modal → Temporal	Umstandsbestimmung, Satzglied Grund → warum? Ort → wo? Art und Weise → wie? Zeit → wann?, wie lange?, wie oft?		74
Akkusativ	siehe *Kasus*		37
Apposition	besondere Form des Attributs	*Madonna, eine berühmte Popsängerin, besuchte gestern Berlin.*	77
Artikel → bestimmter Artikel → unbestimmter Artikel	Begleiter des Nomens	 ***der** Hund, **die** Katze, **das** Schwein* ***ein** Hund, **eine** Katze, **ein** Schwein*	29
Attribut	Beifügung, Satzgliedteil	*der Ort **des Grauens***	76
Beugung	siehe *Deklination*		36
Dativ	siehe *Kasus*		37
Deklination	Beugung des Nomens und des Adjektivs		36
Femininum	siehe *Genus*		31
finite Form	Verbform, bestimmt durch *Person* und *Numerus*	***ich laufe:** 1. Person Singular* ***ihr lauft:** 2. Person Plural*	11
Futur	Zukunft	*ich werde spielen*	26
Genitiv	siehe Kasus		37
Genus → Maskulinum → Femininum → Neutrum	grammatisches Geschlecht männlich weiblich sächlich	 *der Hund* *die Katze* *das Schwein*	31
Geschlecht	siehe Genus		32
Hauptsatz → Aufforderungssatz → Aussagesatz → Fragesatz	selbstständiger Satz Hauptsatz mit Ausrufezeichen Hauptsatz mit Punkt Hauptsatz mit Fragezeichen – W-Frage (z.B. *was*) – Ja- oder Nein-Frage		82 80 80 80
Hilfsverben	dienen der Bildung der zusammengesetzten Verbformen	*sein, haben, werden*	18

Verzeichnis der grammatischen Fachbegriffe

Fachausdruck	Erklärung	Beispiel	Seite
Infinite Form	Formen des Verbs: 1. Infinitiv 2. Partizip I / II		11
Infinitiv	Grundform des Verbs	*laufen*	10
Kardinalzahlen	Grundzahlen	*eins, zwei, drei, …*	49
Kasus → Nominativ → Genitiv → Dativ → Akkusativ	Fall 1. Fall: → wer oder was 2. Fall: → wessen 3. Fall: → wem 4. Fall: → wen oder was		37
Komparativ	siehe Vergleichsformen		46
Konjugation → 1. schwache → 2. starke → 3. unregelmäßige	Beugung des Verbs **1.** *glauben → glaubte* **2.** *rufen → rief* **3.** *kennen → kannte*	*ich spiel-**e**, du spiel-**st**, er/sie/es spiel-**t***	11 20
Konjunktion → nebenordnende → unterordnende	Bindewort *und, oder, aber …* *weil, wenn, sodass …*		52
Maskulinum	siehe *Genus*		31
Nebensatz	abhängiger Satz		84
Neutrum	siehe *Genus*		31
Nomen (auch: Substantiv)	Hauptwort/Namenwort		29
Nominalisierung	Verwandlung einer Wortart in ein Substantiv durch Artikel und Großschreibung		68
Nominativ	siehe *Kasus*		37
Numerus → Singular → Plural	Anzahlform Einzahl Mehrzahl	 *das Kind weint* *die Kinder weinen*	33
Objekt → Akkusativobjekt → Dativobjekt → Genitivobjekt → Präpositionalobjekt	Ergänzung zum Prädikat, Satzglied Ergänzung im Akkusativ (4. Fall) Ergänzung im Dativ (3. Fall) Ergänzung im Genitiv (2. Fall) Ergänzung mit Präposition		70 70 71 71 72
Ordinalzahlen	Ordnungszahlen	*erstens, zweitens, drittens …*	49
Partizip → Partizip I → Partizip II	infinite Verbform Partizip der Gegenwart Partizip der Vergangenheit	 *spielend* *gespielt*	16
Perfekt	vollendete Gegenwart	*ich habe gespielt*	17
Personalform	siehe finite Form		11

Fachausdruck	Erklärung	Beispiel	Seite
Plural	siehe Numerus		33
Plusquamperfekt	vollendete Vergangenheit	*ich hatte gespielt*	23
Positiv	siehe Vergleichsformen		46
Prädikat	Satzaussage, konjugierte/finite Verbform		65
Präfix	Vorsilbe	*ent-, ver-, vor- …*	57
Präposition	Verhältniswort/Fügewort		50
Präsens	Gegenwart	*ich spiele*	14
Präteritum	Vergangenheit	*ich spielte*	20
Pronomen → Personalpronomen → Possessivpronomen	Fürwort, Stellvertreter des Nomens ersetzt ein Nomen gibt an, wem/zu wem etwas/jemand gehört		40
Satz	kleinste vollständige Äußerung, besteht mindestens aus Subjekt und Prädikat		62
Satzgefüge	Verbindung von Hauptsatz und Nebensatz		84
Satzglied	Wort oder mehrere Wörter, die bei der Umstellprobe immer zusammenbleiben	*Ich gehe in die Schule. – In die Schule gehe ich.*	64
Satzreihe	Verbindung zweier Hauptsätze		82
Singular	siehe *Numerus*		33
Steigerung	siehe *Vergleichsformen*		46
Subjekt	Satzgegenstand, Satzglied im Nominativ (1. Fall)		66
Superlativ	siehe Vergleichsformen		46
Suffix	Nachsilbe	*-ung, -heit, -sam, -lich*	57
Tempus	Zeitform des Verbs		13
Verb	Zeitwort, Tätigkeitswort		9
Verbform → finit → infinit → transitiv → intransitiv	 Konjugierte Verbform (= Prädikat) nicht konjugierte Verbform Verb mit Akkusativobjekt Verb ohne Akkusativobjekt		 11 11 71 71
Vergleichsformen → Positiv → Komparativ → Superlativ	Adjektivformen zum Vergleich von Dingen oder Personen. Die Bildung der Vergleichsformen ist die Steigerung. Grundform Höherstufe Höchststufe	 *schnell* *schneller* *am schnellsten*	46